A ARTE DE LER
O TARÔ
PARA SI MESMO

Courtney Weber

A ARTE DE LER
O TARÔ
PARA SI MESMO

– Autoconhecimento, Metodologia e Prática –

Tradução
Euclides Luiz Calloni

Editora
Pensamento
SÃO PAULO

Título do original: *Tarot for One: The Art of Reading for Yourself.*
Copyright © 2016 Courtney Weber.
Copyright da edição brasileira © 2020 Editora Pensamento-Cultrix Ltda.
1ª edição 2020. / 3ª reimpressão 2023.

Todos os direitos reservados. Nenhuma parte deste livro pode ser reproduzida ou usada de qualquer forma ou por qualquer meio, eletrônico ou mecânico, inclusive fotocópias, gravações ou sistema de armazenamento em banco de dados, sem permissão por escrito, exceto nos casos de trechos curtos citados em resenhas críticas ou artigos de revista.

A Editora Pensamento não se responsabiliza por eventuais mudanças ocorridas nos endereços convencionais ou eletrônicos citados neste livro.

Editor: Adilson Silva Ramachandra
Gerente editorial: Roseli de S. Ferraz
Gerente de produção editorial: Indiara Faria Kayo
Preparação de originais: Adriane Gozzo
Editoração eletrônica: Join Bureau
Revisão: Luciana Soares da Silva

Dados Internacionais de Catalogação na Publicação (CIP)
(Câmara Brasileira do Livro, SP, Brasil)

Weber, Courtney
  A arte de ler o tarô para si mesmo: autoconhecimento, metodologia e prática / Courtney Weber; tradução Euclides Luiz Calloni. – São Paulo: Editora Pensamento, 2020.

  Título original: Tarot for one: the art of reading for yourself
  Bibliografia.
  ISBN 978-85-315-2130-0

  1. Tarô I. Título.

20-34396
CDD-133.32424

Índices para catálogo sistemático:
1. Tarô: Artes divinatórias 133.32424
Cibele Maria Dias – Bibliotecária – CRB-8/9427

Direitos de tradução para o Brasil adquiridos com exclusividade pela
EDITORA PENSAMENTO-CULTRIX LTDA., que se reserva a
propriedade literária desta tradução.
Rua Dr. Mário Vicente, 368 – 04270-000 – São Paulo – SP
Fone: (11) 2066-9000
http://www.editorapensamento.com.br
E-mail: atendimento@editorapensamento.com.br
Foi feito o depósito legal.

Para Tiffany

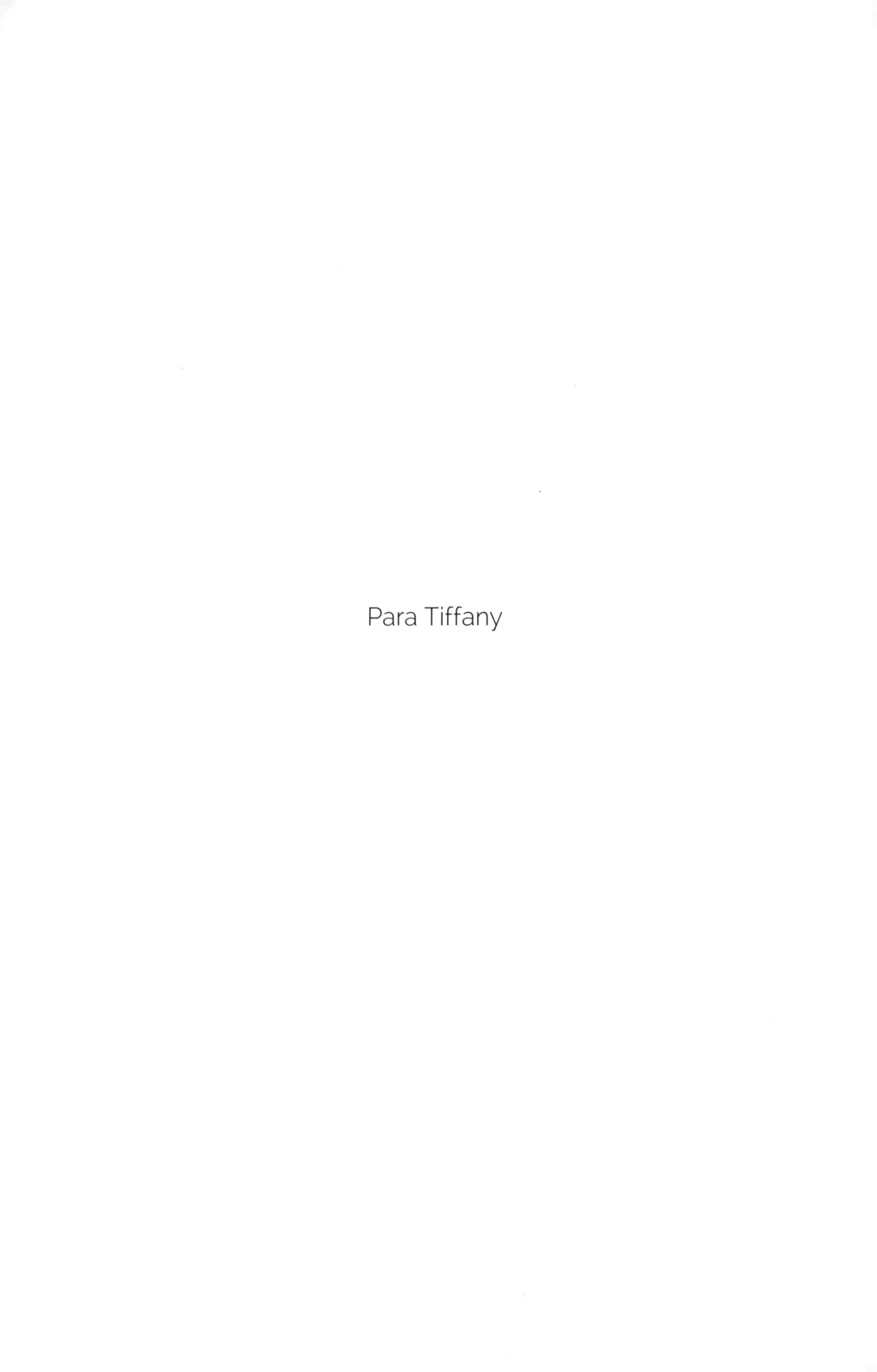

*O tarô é um repositório de representações simbólicas
de ideias universais, as quais contemplam todos
os integrantes inerentes da mente humana, e é nesse
sentido que as imagens contêm uma doutrina secreta,
que é a compreensão por parte de poucos de verdades presentes
na consciência de todos...*

— Arthur Edward Waite

SUMÁRIO

1. Bem-vindo à "autoleitura" 11
2. A jornada do Louco: a história do tarô e você 31
3. Cartas da corte 87
4. Cartas numeradas dos Arcanos Menores 139
5. Identificação da voz do tarô 175
6. Cartas invertidas 201
7. Outras ferramentas: o que falta em sua leitura do tarô?
   E ainda: como interpretar cartas mais difíceis 223
8. Quando não ler tarô para si mesmo 243
9. Métodos de disposição das cartas 257

Posfácio 279
Agradecimentos 281
Notas 283
Bibliografia 287

UM

BEM-VINDO À "AUTOLEITURA"

M ais da metade da vida: esse é o tempo em que estou envolvida em um profundo caso de amor com o tarô. O tarô me faz rir e chorar, me traz alegria, me deixa maluca. Manuseio, misturo e embaralho as cartas todos os dias; no entanto, as primeiras cartas ainda despertam tanta curiosidade e deslumbramento em mim quanto a primeira leitura, muitos anos atrás. Sei que não estou sozinha nisso. O poder fascinante do tarô continua a atrair pessoas, como vem fazendo há séculos.

Quer o tarô lhe seja algo novo, quer você esteja iniciando a leitura deste livro para aperfeiçoar habilidades tarológicas já adquiridas, você faz parte de uma tradição gloriosa que se perpetua há mais de seiscentos anos. Há séculos o tarô vem sendo consultado em busca de respostas sobre amor, vida pessoal, dinheiro ou previsão de eventos futuros. Antes de ser o bem de consumo acessível que o tarô é hoje, um consulente precisava encontrar alguém que lesse as cartas para ele. Não é mais assim. Com as facilidades atuais de acesso ao tarô, ler para si mesmo não só é possível como em muitos casos é até preferível. Consulto outros leitores várias vezes ao ano, mas minha leitura mais importante é a que faço para mim mesma.

As autoleituras podem estruturar o tempo de reflexão individual. Se estivermos nos remoendo com alguma situação especialmente penosa, consultar uma única carta pode nos ajudar a resolver o problema. Consultar um leitor para essas questões pode ser útil, mas às vezes as cartas nos trazem uma mensagem que só nós temos condições de decifrar. A autoleitura é uma boa maneira de verificar ou confirmar leituras recebidas de outros praticantes. Outras vezes, alguma necessidade pessoal ou espiritual requer que resolvamos a situação sozinhos. Caso venhamos a ler para outras pessoas, a experiência de ler para nós mesmos é garantia de percepção mais apurada. Por fim, ler para nós mesmos é uma forma consistente de aprender tarô.

Como muitos iniciantes constatarão, ler para si mesmo pode ser difícil. Durante as aulas que ministro, excelentes leitores às vezes lamentam: "Sei ler tarô para os outros, mas simplesmente não consigo ler minhas próprias cartas". Essa realidade me estimulou a iniciar um curso chamado "Tarô para Si Mesmo: A Arte da Autoleitura". Em decorrência da popularidade, escrevi este livro.

A Arte de Ler o Tarô para Si Mesmo tem o objetivo de ajudar você a descobrir o próprio sistema de relacionamento com as cartas. Os capítulos incluem interpretações tradicionais das imagens do tarô, mas é importante você se manter aberto às suas respostas internas. Sufocar respostas pessoais, prendendo-se a significados tradicionais (por exemplo, "Este livro de tarô diz que essa carta significa progresso, mas minha situação definitivamente não está progredindo... minha interpretação deve estar errada"), torna o esforço de autoleitura muito complicado, se não impossível. Abrace a tarefa com mente aberta para suas associações pessoais com as cartas.

Tenha em mente: o tarô precisa aprender seu sistema de associações mais do que você precisa aprender o sistema de simbolismos dele. Com este livro, você terá a oportunidade de descobrir seus próprios sistemas de associação e dividi-los com as cartas, criando uma linguagem única só para você e para as cartas.

Para começar, o que é tarô?

Tarô é um baralho de 78 cartas. Quarenta delas são numeradas e se assemelham às cartas tradicionalmente usadas no mundo ocidental. Estas são classificadas em quatro naipes, em geral denominados copas, paus, espadas e ouros (ou pentáculo). Outras dezesseis são cartas da corte – valetes (ou pajens), cavaleiros, rainhas e reis – que lembram um pouco os valetes, as rainhas e os reis das cartas de baralho ocidentais. As demais 22 são cartas-trunfo conhecidas como Arcanos Maiores. Os desenhos, temas e títulos para esses diferentes naipes e Arcanos Maiores variam de um baralho para outro, às vezes drasticamente, já que o tarô é um excepcional veículo de expressão artística. Alguns baralhos se referem ao naipe de paus como bastões ou ao valete como princesa, ou de outra maneira. Mas o que é comum entre todos os baralhos de tarô é que sempre haverá 78 cartas no total: 56 compondo os quatro naipes e as cartas da corte e 22 constituindo os Arcanos Maiores.

As cartas do tarô representam personagens, situações e influências comuns à experiência humana. Quando são embaralhadas e distribuídas, contam histórias, as quais podem ser respostas a uma pergunta específica. Algumas podem dar um panorama geral da vida de um consulente, semelhante ao modo como um meteorologista faz a previsão do tempo. As leituras podem esclarecer uma situação confusa, revelando aspectos que poderiam ser enigmáticos. Podem ser usadas para *adivinhar* (prevendo o futuro) ou dar indicações a respeito de um evento passado. Outras leituras, particularmente as feitas para si mesmo, podem ser uma maneira de refletir sobre uma questão preocupante ou servir como exercício de meditação.

O tarô propicia um pouco de magia em um mundo que pode parecer desprovido dela. É espiritualista e inter-religioso, servindo-se de elementos de muitas tradições religiosas. Representa o belo; muitas vezes, só o trabalho artístico de um baralho vale o custo. Mas, de todas as qualidades do tarô, uma das mais eminentes é a de ser uma poderosa ferramenta de autorreflexão. Aprender a ler as próprias cartas é uma habilidade. Depois de conseguir ler com naturalidade, você dispõe de um recurso extraordinário para aumentar o grau de consciência de si mesmo, para compreender suas necessidades pessoais, avaliar situações e cultivar um relacionamento mais profundo com o espírito – seja o que for que essa palavra signifique para você.

De onde vem o tarô?

A história do tarô é quase tão misteriosa e complexa quanto suas imagens. Alguns sugerem que a palavra tarô deriva do antigo termo egípcio *ta-rosh*, que significa "caminho do rei", "caminho real", ou que provém da palavra hebraica *Torah*, com o significado de "lei (de Deus)".[1] Outras histórias sugerem que o tarô teve origem na Índia e se espalhou pela Europa e pelas Américas por intermédio do povo romano.[2] Robert Place, em *The Tarot: History, Symbolism, and Divination*, sugere que tarô descende da palavra *tarocchi*, nome de um baralho de cartas com um naipe de trunfos que pode ter recebido esse nome por associação com o rio Taro, localizado no norte da Itália, possivelmente uma região que no passado teria girado em torno da indústria papeleira.[3] Considerando suas origens místicas, é provável que o tarô tenha se desenvolvido de raízes práticas: por uma rota literal de papel para a China, quando a celulose extraída da casca da amoreira era usada para produzir uma substância que podia ser achatada, pintada e cortada sem enrugamentos.[4] Diferentemente de pergaminhos anteriores, como o papiro, a casca da amoreira preservava a forma quando cortada e era resistente o bastante ao uso repetido. Essa tecnologia deu origem às cartas de papel.[5] Uma lenda sugere que as cartas de papel foram inventadas em 1120 d.C. para entretenimento das concubinas de um imperador.[6] No decorrer de vários séculos, a fabricação de papel e de cartas propagou-se pela Ásia e pelo

Oriente Médio, e com isso figuras de cartas e jogos se desenvolveram em variedades sempre crescentes.

O tarô como o conhecemos tem raízes mais diretas nas cartas produzidas na Itália, no século XV, quando 22 trunfos foram acrescentados às cartas de jogo já existentes.[7] É possível que os trunfos se baseassem em personagens conhecidos dos contemporâneos, assim como hoje conhecemos os heróis e vilões da Disney. As imagens eram diretas, sem o simbolismo encontrado nos baralhos modernos. A maioria das imagens refletia o estilo de vida da época, e pessoas abastadas às vezes contratavam artistas para retratar membros específicos da família em um naipe de trunfos pessoal. Alguns historiadores acreditam que o tarô era originalmente apenas um jogo de cartas recreativo, sem nenhuma associação com adivinhação ou ocultismo até o fim do século XVIII.[8]

O custo das cartas, na época pintadas à mão, restringiu o tarô às salas de estar dos ricos, que tinham condições de produzi-las e possivelmente subornar autoridades por ocasião de festas sociais. As apostas e seus derivados (jogos de cartas, de dados etc.) eram normalmente proibidos na Europa. Em parte por serem, em geral, inacessíveis, as cartas de tarô assumiram uma aura mística bastante intensa.[9]

No século XIX, o mundo ocultista ficou fascinado com o tarô e resolveu expor seus supostos segredos antigos. Os baralhos começaram a aparecer nas oficinas de ocultistas com habilidades artísticas, inspirados por imagens do Egito Antigo, do gnosticismo cristão e da cabala. No início do século XX, um mago cerimonial chamado Arthur Edward Waite associou-se à artista esotérica Pamela Coleman Smith, ela própria cerimonialista, para criar um baralho de tarô que se tornaria o mais influente em circulação hoje. Como os antecessores, esse baralho foi projetado com a intenção de restituir ao tarô seu simbolismo esotérico mítico. Todavia, em decorrência da engenhosidade artística de Smith e da clareza do simbolismo presente nas cartas, ocupa posição de preeminência no mundo do tarô e inspira centenas de outros baralhos (incluindo aquele que criei com um amigo alguns anos atrás). Por décadas, o baralho ficou conhecido como Rider-Waite, sendo Rider o editor, e Waite, o criador. Nos últimos anos, foi acrescentado o nome Smith, de modo que o baralho está sendo chamado hoje de Rider-Waite-Smith, ou simplesmente Waite-Smith.

Este livro fará referência principalmente ao baralho Rider-Waite-Smith (que chamarei RWS). Você não precisa ter esse baralho específico para seu trabalho, mas necessitará de um que contenha as 22 cartas dos Arcanos Maiores (ou Trunfos) e as 56 cartas dos Arcanos Menores, divididas em alguma variação de copas, espadas, paus e ouros. Algumas variações dos Arcanos Menores incluem cálices ou vasos para copas, cimitarras ou facas para espadas, bastões ou varas para paus, moedas ou discos para ouros, ou alguma outra combinação diferente.

Como o tarô exerce suas funções?

Alguma coisa tem poder porque este lhe é atribuído. O dinheiro de papel (papel-moeda) pode ser apenas uma mistura de polpa de madeira, algodão, linho ou outros componentes, mas seu valor é determinado pela cultura na qual circula. Se cédulas desse dinheiro fossem jogadas de um avião sobre uma tribo isolada na Floresta Amazônica, não teriam valor nenhum, a não ser talvez o de servir como combustível para acender uma fogueira ou como papel higiênico. No entanto, isso não significa que o poder do dinheiro seja uma ilusão. Há muito tempo as pessoas acreditam que o papel-moeda tem o valor que lhe é conferido. As cartas de tarô modernas podem ser apenas camadas de celulose revestidas de uma película de plástico, mas contêm poder, porque este lhes foi outorgado ao longo dos séculos. Isso não quer dizer que apenas os que acreditam no tarô terão uma experiência profunda, embora a crença certamente ajude. Fiz leituras de cartas em muitas festas, para muitos convidados incrédulos que se aproximaram da minha mesa "por diversão", mas que dela se afastaram impressionados ou assustados – e mais: muitas vezes, acreditando realmente.

O tarô produz efeito porque reflete uma jornada humana longa e constante. Está decorado com personagens e situações familiares. Por intermédio deles, vemos a nós mesmos. Somos capazes de olhar para nossa vida diante de nós, da mesma maneira que um livro ilustrado sobre mitos e lendas pode descrever a história de um herói. O tarô nos dá a oportunidade de observar nossas escolhas e de refletir sobre os possíveis resultados, sejam eles positivos ou negativos. Essa é a explicação que dou em entrevistas, e 75% das vezes é verdade. No entanto, com certa frequência (na realidade, em torno de 25% do tempo), o tarô me lembra de que é um farol para o desconhecido e pode nos dizer coisas que não tínhamos condições de saber antes.

Há alguns anos, li o tarô para um amigo com quem não falava havia muito tempo. Denominei parte da leitura "preocupações e inquietações". Quando distribuí as cartas, o Imperador e o Rei de Ouros, que considero cartas relacionadas à paternidade, caíram nessa área. Perguntei ao meu amigo se ele estava preocupado com o pai; ele respondeu que não. Falara com o pai no dia anterior e tudo estava bem. Embaralhei as cartas e fiz nova distribuição. Dessa vez, cartas diferentes, que também associo à paternidade, posicionaram-se na seção "inquietações". Desculpei-me com meu amigo dizendo-lhe que não estava tendo uma boa noite de tarô. Mais tarde, naquela semana, no entanto, ele me mandou um e-mail dizendo que o pai recebera o diagnóstico de câncer no dia seguinte à nossa leitura. A doença não passara pela mente dele, mas o tarô sabia.

Seria mais fácil dizer que o tarô é apenas uma coleção de pergaminhos com seiscentos anos de investimento humano, mais semelhante a um teste de Rorschach que a um oráculo, dando-nos apenas um reflexo de nossa mente inconsciente. Todavia, para mim e para muitos outros leitores, momentos como o descrito acontecem com demasiada frequência para simplesmente serem todos rotulados como coincidência. O tarô contém um mistério abençoado. Talvez, algum dia, a neurociência poderá explicar as raízes profundas de leituras proféticas do tarô, mas, por ora, há pragmatismo suficiente no mundo. O tarô preserva um pouco da magia.[10]

Até que ponto o tarô é preciso?

A precisão é uma qualidade sujeita a variações. Às vezes, os consulentes se dirigem ao tarô com perguntas explícitas em mente: com quem vou me casar e que dia e ano encontrarei a pessoa certa? Quantos filhos terei, exatamente, e quando nascerão? Serei contratado para esse novo emprego? Em caso afirmativo, que salário receberei?

Essas perguntas são complicadas porque, embora o tarô possa dizer se o amor, o dinheiro e a família possivelmente farão parte do seu futuro, é difícil prever datas, nomes ou faixas salariais apenas pelas cartas. Esperar respostas tão específicas pode deixar a pessoa com a sensação de que o tarô não é nada exato. Em geral, a experiência e uma familiaridade mais profunda com o tarô propiciarão leituras bastante precisas sobre o curso geral dos eventos da vida. Nossas leituras são mais precisas quando temos a mente aberta em relação aos possíveis resultados, sabendo que o tarô pode oferecer – e oferece – dados específicos sobre eventos futuros (por exemplo, se um amor sério está nesse futuro), mas não será capaz de oferecer detalhes (como a cor do cabelo do futuro cônjuge, digamos).

O tarô é 100% exato o tempo todo? Claro que não! Mas também a previsão do tempo não o é. Assim como os padrões climáticos mudam quando afetados por ventos e marés, nosso destino é, de igual modo, influenciado pelas escolhas que fazemos. Às vezes, o tarô nos mostra o que *poderia* ser em vez do que *será*. Às vezes, o tarô é muito mais correto do que podemos imaginar, e leituras enigmáticas podem se tornar precisas de maneira estranha.

Diferenças entre uma leitura para si e para outros

Quando lemos tarô para outras pessoas, concentramo-nos tão somente nos problemas e nas preocupações delas. Quando o lemos para nós mesmos, concentramo-nos unicamente em nós. Não temos um leitor experiente presente para nos ajudar a entender as cartas. *Nós* é que temos de ser esse leitor experiente, o oráculo e o canal da resposta que procuramos. Algumas pessoas consultam as cartas quando estão enfrentando uma situação difícil. Outras podem consultá-las como parte de uma rotina espiritual diária, da mesma forma que se pode ler o Alcorão, a Torá ou a Bíblia. Uma rotina espiritual diária é benéfica para a mente e para a alma, assim como exercícios físicos e alimentação saudável são salutares para o corpo. Em uma época em que as pessoas, em geral, encontram pouca satisfação nos textos das crenças tradicionais, o tarô serve de âncora e ao mesmo tempo de portal para a alma. Pode nos manter ancorados e possibilitar que nossa alma explore regiões ainda mais profundas.

Para quem deseja ler tarô para os outros, a autoleitura favorece uma relação mais profunda com as imagens, o que amplia nossa capacidade de ler para terceiros.

Por que ler para mim mesmo?

Há benefícios em ler as próprias cartas e em consultar outros leitores. O contato com outros leitores nos afasta dos nossos esquemas mentais. Aprendemos a respeito das cartas com as associações desses outros praticantes. A busca de orientação com diferentes leitores pode revelar percepções nitidamente distintas das nossas projeções pessoais.

No entanto, consultas a terceiros nem sempre são a melhor opção. Às vezes, leitores de tarô bem-intencionados, mas sem autoconsciência mais aguda, podem projetar os próprios problemas na leitura. Esse é o motivo pelo qual raramente leio para meus amigos mais próximos e familiares. Por mais experiência que eu possa ter, ainda acho difícil separar o que almejo para eles da verdadeira mensagem da leitura.

Em geral, os leitores de tarô querem passar uma visão honesta e proveitosa; e é isso que você receberá das mãos de um leitor habilidoso ou experiente. Mas sempre existe a possibilidade de você acabar consultando um leitor imbuído de ética que simplesmente não está em boas condições físicas ou psicológicas para ler no dia da sua consulta. Leitores de tarô também se cansam. Às vezes, mesmo que não tenham interesse pessoal em você ou em suas escolhas, a situação objeto de suas perguntas pode desencadear algo neles. Como leitora, posso ter dificuldade em evitar projetar minha história pessoal em consulentes que vejo cometendo erros semelhantes aos que cometi. No caso de muitas jovens que choraram na minha frente por causa de um namorado inconstante, inúmeras vezes já quis esparramar todas as cartas da mesa, dar-lhes um afetuoso abraço, uma fatia de bolo e fazê-las jurar de pés juntos que nunca mais enviariam qualquer mensagem ao cafajeste. No entanto, não posso cometer esse erro. Mesmo que uma situação soe estranhamente verdadeira aos meus erros do passado, minha tarefa é ler as cartas, não ser terapeuta! Embora eu possa reforçar a intenção de deixar meus sentimentos de lado pelo bem da leitura, sei que nem sempre vou conseguir. Sou humana, por isso, de vez em quando, vou fazer bobagem e projetar meus sentimentos raivosos nas leituras dos outros.

A autoleitura elimina o risco de um leitor projetar suas mazelas em uma leitura para nós. Além disso, ler as próprias cartas é mais viável, lógica e economicamente. A maioria dos leitores exige uma consulta e um pagamento. Na hipótese de você ter uma pergunta urgente sobre, digamos, a análise de sua proposta na reunião de equipe de amanhã, poderia ver se um leitor de tarô teria condições de encaixá-lo em sua agenda... ou então poderia pegar o baralho e fazer a leitura para si mesmo! Pessoalmente, sempre tenho um baralho no meu local de trabalho para o caso de precisar de uma resposta rápida em algum momento.

Por que é tão difícil ler as próprias cartas?

O tarô e os espelhos desempenham o mesmo papel: refletem a verdade. O tarô reflete quem somos, o que estamos fazendo e para onde estamos indo. Mas nossas projeções pessoais, como as de outros leitores, podem dificultar a tarefa de decifrar essa verdade. Quando damos uma última e rápida olhada no espelho antes de sair de casa, nossas projeções pessoais só nos permitem ver grandes poros, acne ou cicatrizes. Podemos pensar que o único propósito do espelho é lembrar-nos de que nossa aparência não é a de que gostaríamos. Mas em outro dia podemos amar o espelho. Ele nos mostra as linhas do sorriso, os olhos brilhantes, alguns detalhes em nosso rosto e feições que nos tornam únicas e bonitas. Na realidade, se um espelho tivesse consciência e falasse, provavelmente não se preocuparia com o fato de gostarmos ou não do que é refletido nele. Em vez de dizer "Belo deus/deusa!" ou "Criatura desagradável, horrível!", o espelho talvez dissesse: "Você tem um pedacinho de feijão no dente e um pelo de gato nas calças". Também poderia dizer: "Seus olhos brilham mais quando usa roxo". O papel do espelho não é nos bajular, mas simplesmente nos dar informações sobre detalhes que talvez queiramos limpar, ajustar ou acentuar antes de sair pela porta. São nossas projeções no espelho que embaçam o trabalho dele.

A função do tarô é a mesma. Ele exerceu muitos papéis ao longo dos anos, desde servir como entretenimento de salão, passando pelos estudos de ocultismo, até chegar à terapia, mas sua verdadeira vocação é nos mostrar o feijãozinho simbólico em nossos dentes ou as escolhas pessoais que nos são mais apropriadas. A parte complicada é deixar de lado nossas críticas pessoais ou a inflação do ego, assim como devemos fazer quando nos olhamos no espelho. É uma tarefa árdua. Não se deixar levar por essas projeções é uma jornada em si mesma. Os exercícios deste livro ajudarão você a explorar seu relacionamento com as cartas, de modo que o ego e a projeção fiquem em segundo plano, e a verdade possa ocupar a posição de destaque.

FERRAMENTAS PARA O USO DESTE LIVRO

Este livro é constituído de partes iguais de informações e exercícios. Você precisará de um baralho de tarô. Nos exercícios e nas descrições dos Arcanos Maiores e Menores, por causa de sua proeminência e familiaridade, refiro-me ao baralho RWS, mas não o considero o único ou o melhor disponível. Use um baralho de sua preferência. Os melhores baralhos para autoleitura têm cartas ilustradas com personagens ou imagens que narram histórias. Alguns outros, embora absolutamente belos, não fornecem material pictórico suficiente para contar uma história. Talvez seja mais difícil lê-los, mas não impossível. Se seu baralho não falar com você de maneira inteligível, pense na possibilidade de substituí-lo por outro. Mais adiante, no Capítulo I, incluí sugestões sobre como escolher um bom baralho para autoleitura.

Mantenha um diário ou caderno à mão para anotações, pensamentos e revelações. Meus melhores alunos mantêm diários estritamente reservados ao trabalho com tarô. Eu, porém, sempre fiz registros de modo desordenado, e minhas anotações estão rabiscadas em livros que também contêm meus pensamentos, sonhos e listas de compras. Alguns alunos escrevem suas observações e interpretações diretamente nas cartas para ter acesso fácil no momento da autoleitura. Em princípio, não há nada errado com isso; sem dúvida, essa prática confere certa personalidade ao baralho. É preciso observar, no entanto, que sua relação com as cartas evoluirá com o tempo, e anotações nelas podem prejudicar esse processo. Suas associações vão se ampliar, e registros nas cartas podem interromper essa expansão. A maneira de fazer anotações depende de você, mas é fundamental mantê-las. Por isso, não omita essa etapa.

Tão importante quanto o baralho e o diário é seu senso de encantamento. Se você já está familiarizado com o tarô, recorra às interpretações que conhece, mas não se apegue a elas. Dê-se a oportunidade de perscrutar os segredos que o tarô talvez reserve a você. Se for iniciante, apoie-se nas interpretações deste livro como inspiração, mas não resista às suas, caso divirjam do que você lê. Minhas interpretações não pretendem ser a autoridade última. Elas têm o objetivo de abrir a porta para a mística do tarô e ajudar a passar por ela, pois pode haver uma deliciosa surpresa no outro lado, exclusiva para você.

Devo eu mesmo comprar um baralho ou outra pessoa deve comprá-lo para mim?

Ouço seguidamente boatos de que ninguém deve comprar o próprio baralho de tarô e de que ele sempre deve ser presenteado. Essa é outra falácia. Embora haja, por certo, algo de especial em ser presenteado com um baralho (vários dos meus baralhos preferidos foram presentes), um baralho recebido de presente não é mais poderoso que um comprado. Saiba que mesmo baralhos produzidos por grandes editoras provavelmente foram desenhados por artistas independentes, cuja renda depende de *royalties*. O fato de você mesmo adquirir seu baralho pode ajudar na produção de outros de grande beleza.

Ao comprar um baralho, sempre observo a qualidade artística. Se ele tem a ver com meu gosto e meu senso estéticos, é provável que seja um baralho que poderei usar para leituras. Tenho um amigo que vai direto à carta da Sacerdotisa ao comprar um baralho novo. Se a figura representada lhe agrada, ele aprecia o baralho e provavelmente o adquire. Basicamente, se um baralho despertar seu interesse, atrair sua atenção, compre-o. Não tenha medo de comprar um baralho tipicamente esotérico se concluir que é o mais apropriado para você. Também não tenha medo de adquirir um baralho convencional, de uso comum, se ele se comunicar melhor com você que um baralho da moda. Não descarte baralhos de segunda mão. Um baralho não precisa ser novo para ser seu. Muitas vezes, baralhos usados trazem consigo uma sabedoria profunda e uma voz peculiar. A propósito, adoro baralhos de segunda mão.

Seja seu baralho novo, de segunda mão, produzido em massa ou criado por um artista independente, conserve-o. Ele parece vivo? As imagens falam em uma linguagem que faz sentido a você? Você admira seu trabalho artístico? Mesmo sendo novo, ele lhe parece familiar? Se a resposta a uma dessas perguntas for afirmativa, você encontrou o baralho apropriado para suas leituras.

Como usar o baralho

Se seu baralho for novo ou usado, mas, especialmente, se for novo, embaralhe as cartas. Alguns leitores preferem um embaralhamento em cascata ou americano (como eu); alguns são mais gentis com suas cartas. Se seu baralho for antigo, raro ou frágil (muitos baralhos antigos ou de publicação independente são feitos de papel mais fino e se deterioram com mais facilidade), é melhor evitar o embaralhamento em cascata. Alguns leitores espalham todas as cartas viradas para baixo, misturam bem e as recolhem. Seja qual for o método que você adote, é recomendável sempre embaralhar as cartas antes de cada leitura.

Pare de embaralhar quando o baralho passar a sensação de "estar cheio". Para algumas pessoas, pode ser uma sensação de aquecimento ou energia emitida pelas cartas. Outras contam mentalmente (7... 6... 5... 4...) antes de parar. Pessoalmente, embaralho até que as cartas comecem a "deslizar" do baralho. Também corto o baralho ao fazer uma pergunta, dividindo-o ao acaso em duas pilhas e distribuindo as cartas da metade que ficou embaixo, no final do embaralhamento.

Preciso memorizar todas as 78 cartas?

Não. Na realidade, incentivo meus alunos a evitar a memorização. Não obstante, é útil assimilar uma compreensão básica da estrutura do tarô e das imagens arquetípicas. A época e a complexidade da linguagem simbólica fornecerão informações importantes, porém ater-se a interpretações de um livro é como decorar o vocabulário de uma língua estrangeira, mas nunca conversar com falantes nativos. Sim, você saberá os significados básicos das palavras, mas perderá as nuances da língua falada. Em resumo, estaria se privando de uma conversa real e das informações que essa conversa poderia fornecer.

Com o tempo, você desenvolverá uma linguagem peculiar com o tarô. Suas interpretações provavelmente terão semelhanças com o que os outros veem no tarô, mas sempre haverá diferenças importantes. Em geral, a carta do Sol significa brilho e luz. Afinal, representa um sol! O conceito do sol fornecendo luz brilhante é uma imagem universal, pois é exatamente isso que ele faz para o planeta. Entretanto, um leitor de tarô pode interpretar essa carta como presságio positivo – aconchego, carinho, alegria e otimismo. Outro leitor pode ver algo menos atraente: queimaduras, calor insuportável, raízes secas, deserto. Ambas as interpretações são corretas, porque ambas se baseiam na experiência de quem lê. O conhecimento dessas interpretações pessoais fortalece a capacidade de ler o próprio tarô.

E se as cartas aparecerem invertidas?

Se uma carta aparecer invertida (de cabeça para baixo) e você não estiver habituado à leitura de cartas invertidas, sugiro que vire a carta para a posição normal (cabeça para cima/posição vertical/lado certo, correto) durante a primeira parte do livro ou até que se sinta à vontade com elas. Vamos fazer vários exercícios para entender as inversões. No entanto, muitos leitores excelentes ignoram por completo essas cartas. Se você preferir não ler cartas invertidas no momento, ou mesmo nunca, recomendo imbuir essa intenção em suas cartas enquanto as embaralha, para que "saibam" que você as virará para a posição correta ao distribuí-las. Incentivo você a fazer os exercícios com as cartas invertidas quando forem apresentados, mas saiba que não há necessidade de ler cartas invertidas se elas nunca lhe dizem nada.

Cuidados com as cartas

À semelhança de um instrumento, os baralhos desenvolvem sonoridade com o uso. Quanto mais você usar um baralho de tarô, mais precisas serão suas leituras. Por razões práticas (como manter as cartas limpas e não as perder), guardar o baralho em uma caixinha ou em um saquinho é uma boa ideia. Alguns acreditam que guardar o baralho em um saquinho de seda ajuda as cartas a manterem o poder. Se você gosta de seda, por que não fazer isso? Caso goste de veludo, conserve o baralho em um saquinho desse material, e assim por diante. Talvez o tecido não signifique muito para você. Pessoalmente, não acredito que um tipo de tecido ajude a reter mais que outro o poder de um baralho, mas guardo os meus em saquinhos pelas razões práticas mencionadas.

Alguns acreditam que ninguém além do próprio leitor deve tocar as cartas que ele usa. Não concordo com isso. Quando leio para outras pessoas, quero que elas cortem o baralho, de modo que as cartas possam responder à energia desse consulente. Assim, não vejo problema em usar o mesmo baralho para minhas autoleituras. Mas, de novo, tenho visto leituras muito intensas feitas por pessoas que não permitem que outros toquem suas cartas. Vejo mérito no fato de alguém reservar um baralho para autoleitura e ser o único a manuseá-lo, mas essa não é a prática que adoto. É apenas questão de preferência uma terceira pessoa manusear ou não suas cartas. Por essa razão, considero muito importante pedir permissão – sempre – antes de tocar as cartas de outra pessoa. Meu marido lê tarô e, embora eu saiba que a resposta será sempre sim, ainda peço autorização antes de manusear o baralho dele.

Este livro incluirá outros tipos de cartas?

Embora diferentes tipos de cartas se prestem a excelentes autoleituras – oráculo, Baraja, Lenormand e até cartas de baralho comuns –, este livro se concentrará no baralho de tarô padronizado, constituído de 22 Arcanos Maiores e 56 Arcanos Menores divididos em quatro naipes. Caso você adote outra modalidade de adivinhação por cartas, provavelmente encontrará aqui algumas ferramentas para aprimorar suas leituras, mas outras variantes de baralhos têm os próprios sistemas específicos de adivinhação que não poderei abordar neste livro. Aproveite o que pode ajudar você, mas, se estiver interessado em algum sistema de cartas diferente, recomendo que procure recursos diretamente voltados a esses baralhos.

Sua carta do dia

Durante a próxima semana, tire uma carta todas as manhãs.

Não tente adivinhar o futuro com base na carta. Apenas habitue-se às imagens. Registre no diário suas impressões sobre a carta. Se não estiver familiarizado com cartas invertidas, concentre-se na carta na posição vertical por alguns instantes. O que está acontecendo na cena? Que reações você tem perante a imagem? Essa carta transmite alegria ou sofrimento? De que modo? Ela lhe lembra alguma situação já vivida?

Esta manhã, minha carta do dia é o Ás de Espadas. O que me atrai na imagem é a representação de uma das mãos segurando uma espada. A paisagem parece desértica, mas a espada é encimada por uma coroa dourada com folhas desprendendo-se dela.

Meu marido tirou o Ás de Paus. O que lhe chamou a atenção foi o castelo ao fundo e os raios emitidos pela mão que segura o bastão. Observando as minúsculas folhas que brotam nesse bastão, a sensação é de algo florescendo da carta. Ele teve a impressão de algo fulgurando.

No fim do dia, registre no diário os acontecimentos vividos. O que deu certo durante o dia? O que deu errado? Quais foram os temas gerais do seu dia (estresse, felicidade, fadiga, alegria, surpresas)? De que modo eles se relacionam com a imagem que você viu na carta? Que sentimentos predominaram? Você não precisa estar familiarizado com a carta para procurar semelhanças. Não se preocupe em estar "fazendo certo". Esse é um exercício de imaginação e descoberta, não um teste de suas habilidades no tarô.

Depois do trabalho, meu marido e eu comparamos nosso dia com as cartas que tiramos de manhã. Meu dia foi cheio de desafios surpreendentes. A impressão foi um pouco como se eu tivesse lutado com espadas o dia inteiro. Em cada turno, ocorreu algum tipo de problema estressante que precisava do mesmo foco que imagino que uma luta de espadas exigiria. Para mim, o Ás de Espadas significou foco e estado de alerta para resolver os problemas à medida que surgiam.

O dia do meu marido não foi tão desafiador quanto o meu, mas mais agitado que o normal. Para ele, o Ás de Paus representou a energia adicional que ele sentiu que precisava – como um toque para o dia com uma varinha mágica – para dar conta do trabalho. O Ás de Paus significou poder pessoal, suor e atenção total ao trabalho a ser feito.

Para resultados melhores, procure esquecer a carta durante o dia. Em especial se você a identificar como uma carta tipicamente "assustadora" (como a Torre ou o Diabo), pois há a possibilidade de criar situações negativas em seu subconsciente. De novo, o objetivo não é prever o futuro com base em uma carta, mas descobrir as associações que o tarô estabelece com sua vida e para que o tarô aprenda as associações que você estabelece com as imagens oferecidas por ele.

No fim da semana, reflita sobre as cartas que se revelaram. De que modo elas se harmonizam com os aspectos positivos e negativos que lhe ocorreram durante a semana? Houve semelhanças entre elas? Alguma diferença? Repito, não baseie suas interpretações das cartas em interpretações de terceiros (aquelas que você lê em um livro ou na internet, digamos). Em vez disso, compare as cartas que você tirou com os eventos que viveu. Também não há problema em escrever: "Não sei". Você está desenvolvendo o próprio idioma e o próprio código com cada carta. Seja aventureiro e criativo.

DOIS

A JORNADA DO LOUCO: A HISTÓRIA DO TARÔ E VOCÊ

No seu mito pessoal, você é o personagem principal. Você amou, perdeu, enfrentou desafios e provocou outras pessoas. Escolheu caminhos e provavelmente se questionou a respeito daqueles que deixou de seguir. Sentiu alegria e desespero, fraqueza e força, solidão e companhia. Foi alimentado por desejos. Tentou fazer a coisa certa para si mesmo ou para os outros. Isso é verdade para mim, para cada leitor deste livro, para todos os seus conhecidos e para os milhares de desconhecidos com os quais cruzou na rua. Nossa história pode parecer única para nós. Se imaginarmos a jornada de cada um como uma tapeçaria simbólica tecida por diferentes histórias, encontraremos nela filamentos individuais que dizem respeito somente a nós. No entanto, uma perspectiva geral revelará semelhanças impressionantes com as histórias que representam a vida dos nossos contemporâneos, dos que nos precederam e dos que vieram antes deles, retrocedendo até o início da humanidade. Essas histórias reunidas moldaram grandes mitos e aventuras épicas. Nós então as lemos, as ouvimos, assistimos a elas na tela. Esses caminhos fictícios familiares refletem nossa própria jornada, possibilitando-nos uma compreensão mais profunda do significado das nossas experiências.

Uma dessas histórias é a da jornada do Louco, no modo como é narrada pelos Arcanos Maiores do tarô.

As 22 cartas dos Arcanos Maiores representam os grandes mitos que levamos conosco. Não devemos entender a palavra mito como algo falso. Os mitos constituem a voz poética das experiências comuns da vida. Como mencionado no Capítulo 1, é essa inclusão das 22 cartas dos Arcanos Maiores que diferencia o tarô de outras formas de cartas de jogar. Alunos e clientes meus nascidos e criados além das fronteiras do mundo ocidental (mundo este onde os Arcanos Maiores surgiram) já comentaram que os Arcanos Maiores apresentam, com frequência, semelhanças diretas com histórias míticas de suas culturas de origem.

Os Arcanos Maiores representam pessoas fundamentais em nossa vida que nos influenciaram, bem como situações, lições, conflitos, escolhas e coisas boas que moldaram nosso modo de viver. Com o papel que desempenham no tarô, os Arcanos Maiores nos oferecem a oportunidade de refletir sobre esses aspectos e a ocasião de percebê-los como as significativas histórias míticas que realmente são.

As descrições das cartas a seguir baseiam-se no baralho RWS. Alguns baralhos podem ter simbolismo similar; outros serão bem diferentes. Se as imagens do seu baralho forem diferentes das descrições a seguir e se um livro acompanhar esse baralho, convém consultá-lo para entender bem a escolha do simbolismo feita pelo artista. Se seu baralho não conta com o apoio de um livro, faça anotações sobre o que as imagens simbolizam para você. Quais se destacam? O que lhe lembram? Como se relacionam com as descrições a seguir? Como se diferenciam?

0: O LOUCO

O personagem principal

Quando o Louco aparece em leituras que realizo para terceiros, costumo dizer: "Não se ofenda, mas esta carta é você". O personagem principal dos Arcanos Maiores é o Louco, identificado pelo número 0. Talvez um nome melhor para essa carta seja o Buscador. Em um baralho que desenvolvi como coprodutora (*Tarot of the Boroughs*), demos à nossa carta 0 o título "O Buscador". Embora o Louco seja, muitas vezes, representado com olhos arregalados e talvez desconhecendo o perigo (vacilando perigosamente à beira de um precipício na maioria das figurações), o Louco não é um idiota. Ele encarna o conjunto de olhos pelos quais o tarô é visto e é o principal receptor das experiências inerentes às demais cartas.

A jornada do Louco

Embora o Louco possa ser retratado como ingênuo, ele não é "louco". Apenas não sabe ainda o que a jornada lhe reserva. Os Arcanos Maiores comemoram o fato de que o Louco passará por uma mudança irreversível no fim da sua jornada. As jornadas do Louco raramente são intencionais. Alguma coisa aconteceu com o Louco: uma batida em sua porta ou "algo engraçado aconteceu a caminho de algum lugar". No cinema e na ficção, entre outros personagens tolos, incluem-se Frodo em *O Senhor dos Anéis*, Luke Skywalker em *Star Wars: Episódio IV – Uma Nova Esperança* e Katniss em *Jogos Vorazes*. Em cada uma dessas histórias, os personagens principais dedicavam-se aos seus afazeres quando um apelo externo, uma calamidade ou outro incidente qualquer os impeliu a empreender uma jornada extraordinária. Por intermédio dessas jornadas e dos personagens que encontram, eles passam por transformações radicais.

Podemos ver a jornada do Louco como uma aventura em si mesma ou como a história de uma vida inteira. Chegamos a este mundo sem nada saber e totalmente dependentes de outras pessoas, assim como o Louco é completamente dependente dos primeiros personagens que encontra. Nesse contexto, os Arcanos Maiores são uma jornada literal do nascimento até a morte. Por meio de uma lente microcósmica, cada um de nós encarnará o Louco muitas vezes. Muitos alunos meus constataram que a carta O Louco representa suas experiências de saída de um emprego ou de rompimento de um relacionamento e do início de um novo capítulo na profissão ou no amor. Para alguns, significou uma conversão religiosa. Um consulente achava que o Louco indicava a perda de sua casa por incêndio. Embora a perda tenha sido devastadora, ele encontrou uma liberdade inusitada na ausência de bens materiais. Com a nova oportunidade de ir para onde quisesse, aproveitou o momento e viajou pelo mundo.

Quando nos imaginamos sendo o Louco, o significado das outras cartas aumenta sobremaneira. Tornemo-nos agora o Louco e iniciemos uma jornada pelos Arcanos Maiores com os olhos e o coração bem abertos, em consonância com a simbologia dessa importante carta.

1. O MAGO

Por tradição, o Mago é o extremo oposto do Louco. Enquanto o Louco tem olhos arregalados e vive peregrinando, o Mago permanece firme e imóvel, com todos os instrumentos de trabalho dispostos de forma organizada em sua bancada. Se não o primeiro, esse é um dos primeiros personagens que o Louco encontra. É do Mago que o Louco aprende as lições fundamentais que praticará ao longo de toda sua jornada. Trata-se de alguém mais velho, presumivelmente mais sábio e definitivamente mais experiente que o Louco. O Mago reconhece as habilidades do Louco e se torna seu mentor, transmitindo o conhecimento que o Louco não tem.

No primeiro volume de *Jogos Vorazes*, Haymitch Abernathy é o Mago para o Louco de Katniss Everdeen. Haymitch é como Katniss, no sentido de que cresceu na mesma região que ela e venceu antes o jogo mortal que ela é obrigada a enfrentar. Assim, ele lhe passa orientações para ganhar o jogo. Como muitos personagens Magos, é curto o tempo de contato de Abernathy com Katniss. Ela logo está mais uma vez sozinha, precisando recorrer às lições aprendidas e, de vez em quando, recebendo dele instruções ou assistência remota. Em muitas histórias, é isso o que acontece com o Mago, cuja lembrança permanece com o Louco durante todo o restante da viagem.

Para muitos de nós, nossos Magos são nossos principais mentores e professores. O empreendedor de sucesso que cita seu treinador de atletismo do ensino médio é, muitas vezes, considerado clichê, porque é uma fonte comum de orientação. Naturalmente, é raro termos apenas uma pessoa durante nossa vida que desempenhe esse papel. Magos aparecem sempre que precisamos de orientação, quer se trate de um professor dedicado do ensino fundamental ou de um estranho que indique um caminho quando chegamos a uma nova cidade.

2. A SACERDOTISA

A Sacerdotisa (às vezes chamada Papisa, em baralhos mais antigos) é um personagem da sabedoria esotérica que desperta o Louco para o aspecto espiritual de sua jornada. Sua coroa é encimada pela lua, e ela tem uma lua crescente aos pés. Seu trono está posicionado entre dois pilares, um preto e outro branco. Ela pode aparecer como um personagem incomum no mundo do Louco ou representar uma visão profunda. Seja como for que se manifeste, a Sacerdotisa introduz um elemento sobrenatural ao mundo do Louco. As implicações mais profundas da jornada se tornam mais claras.

Em *O Senhor dos Anéis*, esse personagem está incorporado em Galadriel, a Rainha Elfa que apresenta a Frodo e à sua Sociedade não apenas enigmas para resolver, mas também mantos e suprimentos mágicos que os ajudarão durante toda a viagem. Ela revela a Frodo a natureza séria e abrangente de sua jornada, bem como as forças invisíveis que lhe dão sustentação. Evoca o momento em que forças espirituais entram em contato com vivências práticas.

Além de assumir o papel de guru pessoal, a Sacerdotisa também pode representar uma experiência mística que molda o trabalho que fazemos à medida que avançamos. Para mim, um momento Sacerdotisa, na adolescência, foi entrar em uma loja Nova Era na minha cidade natal e receber minha primeira leitura profissional de tarô.

A nova experiência, profundamente mística, deu luz a uma nova visão do Espírito, fora da Igreja e da escola paroquial que eu sempre conhecera. Embora tenha passado por centenas de leituras desde então, a mística e a magia daquela primeira leitura influenciaram para sempre não apenas o modo como faço minhas leituras, bem como a maneira como vejo suas implicações espirituais.

3. A IMPERATRIZ

A Imperatriz, adornada de joias, cercada de conforto e muitas vezes retratada como grávida, é a carta da Mãe. Na jornada do Louco, é quando ele conhece a mãe. Pode ser o momento em que a encontra pela primeira vez. Também pode ser o momento em que conhece a mãe como pessoa, talvez alguém com necessidades próprias, não apenas como provedora. Talvez esse seja o momento em que o Louco se despede da mãe para prosseguir sua jornada. Pode ainda ser o momento em que ele se torna mãe.

Em *De Volta para o Futuro*, Marty McFly volta no tempo em sua jornada do Louco, e seu momento Imperatriz aparece quando uma das primeiras pessoas que ele encontra é a mãe quando adolescente. Pela primeira vez, ele a conhece fora do papel de "mãe" e, desse modo, tem uma percepção mais profunda da natureza de toda sua família. Em *A Cor Púrpura*, Celie encontra a Imperatriz quando se torna a própria Imperatriz – quer dando à luz, quer assumindo o papel de madrasta dos filhos do marido.

Nossos momentos Imperatriz variam. Embora eu duvide de que alguém possa voltar no tempo, um momento Imperatriz pode ser o fato de conhecer o passado de uma figura materna, ajudando-nos a compreendê-la melhor como pessoa. Se alguém foi adotado, talvez um momento Imperatriz seja o encontro da mãe biológica. Como Celie, nossos momentos Imperatriz podem ser quando nos tornamos mães ou assumimos papéis maternos. Também podemos encontrar a Imperatriz quando criamos algo, seja um negócio, um empreendimento organizacional, um projeto artístico ou literário ou qualquer outra coisa. Uma amiga minha teve um momento Imperatriz quando começou a resgatar e alimentar ratos de laboratório!

Para mim, um momento Imperatriz aconteceu quando eu tinha 6 anos. Nossa família cuidava dos preparativos para se mudar do Tennessee para o Oregon. Minha irmã e eu encontramos nossa mãe chorando na cozinha. Ela explicou que estava triste por deixar as amigas, mesmo que a mudança fosse boa para nossa família. Lembro-me de que fiquei chocada. Minha mente infantil não podia imaginar que mamãe pudesse ter sentimentos relacionados à mudança. Antes daquele momento, mamãe era alguém que cuidava da minha irmã e de mim. De repente, era uma pessoa.

A Imperatriz marca o ponto em nossa jornada do Louco em que passamos a conhecer as verdades sobre o papel da mãe, sejam elas prazerosas ou dolorosas. Podem também ser momentos em que conhecemos a Imperatriz tornando-nos ela mesma, gerando pessoas ou projetos, ou agindo como cuidadores de pessoas ou de coisas externas a nós mesmos. Quando vivemos a experiência da Imperatriz, nossa jornada não diz mais a respeito apenas de nós. Parte de quem somos e, portanto, nossa jornada são profundamente influenciadas pela forma como afetamos os outros.

4. O IMPERADOR

No tarô, o equivalente da Imperatriz maternal é o Imperador paternal. Ele está sentado em seu trono de pedra, com uma coroa de ouro na cabeça. Sob o manto, parece usar uma armadura. O Imperador e a Imperatriz representam os pais ou as figuras parentais do Louco. Do mesmo modo como aconteceu com a Imperatriz, o Louco encontra, conhece ou compreende seu pai. À semelhança da Imperatriz, o Imperador é um farol de amor para o Louco; contudo, como o tarô deriva, tradicionalmente, de um tempo, um lugar e uma cultura de predomínio patriarcal na história, mais que as influências amparadoras de longa data atribuídas à Imperatriz, o Imperador herdou sobretudo um senso de estrutura. Trata-se de uma estrutura que, via de regra, representa ética e ideologia pessoal ou familiar, em contraposição à estrutura social (que veremos mais na próxima carta, O Hierofante). Por tradição, O Imperador é também uma carta de sabedoria.

Um dos exemplos mais conhecidos do encontro do Louco com o Imperador nos é dado pela peça teatral *Hamlet*, de Shakespeare, na qual o jovem príncipe Hamlet encontra o fantasma do pai assassinado. Nesse encontro, o fantasma explica as circunstâncias de sua morte. Nesse exemplo, o momento Imperador é a efetiva "batida na porta" que impele Hamlet à jornada do seu Louco em busca de vingança e redenção. Em outro exemplo, o filme *Forrest Gump* inclui um momento Imperador no fim da jornada, quando o personagem principal, Forrest, descobre que é pai de uma criança.

Os momentos Imperador podem ser semelhantes aos da Imperatriz. Talvez nos tornemos pais ou figuras paternas. Pode significar encontrar um pai biológico que não conhecemos. Meu pai gosta de citar uma história de Mark Twain em que o adolescente Twain não suportava a enormidade da ignorância do pai. Aos 21 anos, Twain fica surpreso com tudo o que o pai aprendeu em poucos anos. Nessa história, a própria maturidade e a clareza de Twain em relação à sabedoria do pai são o momento Imperador na jornada do Louco.

Momentos Imperador podem significar visões destruídas de quem acreditávamos que nossos pais fossem. Alguns dos meus alunos relatam seus momentos Imperador em encontros com um pai separado. Um dos meus alunos descreveu como seu momento Imperador quando descobriu que o pai ausente não era o herói que ele acreditava ser. Outra aluna disse que considerava seu momento Imperador o fato de se reaproximar do pai separado e descobrir que ele era uma pessoa triste e solitária, não o mau caráter de que ela se lembrava. Momentos Imperador podem significar assumir uma condição de paternidade ou copaternidade e ainda, como acontece com a Imperatriz, pode ser o acesso a uma posição de responsabilidade, talvez em uma empresa ou em uma causa. A diferença entre momentos Imperatriz e Imperador no que diz respeito às responsabilidades vem desde o início destas. Momentos Imperatriz geralmente ocorrem quando criamos algo, como iniciar um negócio. Um momento Imperador semelhante poderia ser o apoio a uma *start-up* ou o recebimento por herança de uma empresa já consolidada.

5. O HIEROFANTE

O Hierofante também está sentado em um trono, mas usa vestes religiosas. Este é o principal encontro do Louco com a autoridade fora de casa. Quando o tarô surgiu, a Igreja detinha a autoridade suprema, às vezes chegando a rivalizar com a rainha ou o rei governante. A carta original do Hierofante era chamada de O Papa. Essa carta pode ter se referido ao rito católico da Confirmação, no qual um jovem é apresentado à comunidade eclesiástica como adulto. A carta O Hierofante representa a compreensão da estrutura e da autoridade por meio do conhecimento de um sistema de circulação. Ou seja: o Mago ensinou o Louco a dirigir, e a Sacerdotisa lhe deu o mapa; agora o Hierofante lhe ministra um curso sobre as leis de trânsito.

Na Escola de Magia e Bruxaria de Hogwarts, frequentada por Harry Potter, a professora McGonagall e o professor Dumbledore encarnam o papel do Hierofante ao explicar as regras da escola aos novos alunos – seja em termos de expectativas da instituição ou de recomendações relacionadas às áreas proibidas – e ao facilitar-lhes a escolha da residência. Temos um Hierofante mais sinistro no personagem Samuel Norton, diretor da Penitenciária Estadual de Shawshank, no filme *Um Sonho de Liberdade*. Norton estabelece e explica as normas da prisão aos presos que chegam, mas também se serve tanto da religião quanto da disciplina sistemática para manipular o sistema em seu favor. Em ambas as histórias, os personagens principais passam a conhecer as autoridades, a estrutura e as leis das novas instituições por intermédio dessas personificações do Hierofante.

No mundo contemporâneo, a experiência com o Hierofante se concretiza nas orientações dadas aos calouros nas universidades ou nos treinamentos de recrutas das Forças Armadas. Às vezes cito o Hierofante como o gerente de Recursos Humanos que expõe e comenta as políticas da empresa a novos contratados e que, por certo tempo, se torna a personificação viva da estrutura e da ordem dessa empresa. No entanto, como o Hierofante tem conotações religiosas, outros momentos Hierofante também podem ser o Bat ou o Bar Mitzvá, o batismo ou a Confirmação, ou, ainda, a conversão a uma nova religião.

6. OS AMANTES

A sexta carta dos Arcanos Maiores ilustra a primeira experiência consensual do Louco com a intimidade e o amor. As cartas mais antigas do tarô representam um cupido de olhos vendados apontando uma flecha para um inocente casal, indicando parcerias surpreendentes e o tempo apropriado desses envolvimentos. No entanto, Os Amantes representam mais que química interpessoal. Na jornada do Louco, a carta simboliza um tipo de amor que muda o coração do Louco. Ele não pode voltar ao personagem que era antes de encontrar Os Amantes. A carta remete a vínculos tão profundos a ponto de produzir mudanças em quem somos, aonde vamos e como vemos o mundo.

Em *Um Violinista no Telhado*, a jovem Hodel segue estritamente sua fé e sua educação tradicionais no início da história, mas se dá conta de que sua visão de mundo muda quando se apaixona pelo radical Perchik. Ao deixar a casa que tanto ama para viver com ele em uma cidade desconhecida, ela diz ao pai, Tevye: "Quem poderia imaginar que chegaria um homem e mudaria todos os meus sonhos?". O amor, alterando o curso da jornada do Louco, é a marca específica da carta Os Amantes.

A carta Os Amantes pode indicar um primeiro amor ou um encontro sexual ou íntimo. Para alguns, pode significar perda da virgindade. Para outros, pode ser um despertar para a preferência sexual ou o encontro de um companheiro de vida. Finalmente, um momento Amantes pode não ser uma pessoa, mas uma paixão. Uma história da carta Os Amantes que ouvi tomou a forma de um felino doente. Uma mulher dedicada à carreira ouviu um gato miar em uma vala de esgoto; embora estivesse vestida para uma reunião importante, entrou imediatamente no meio da sujeira para resgatá-lo. Ela faltou à reunião para passar um dia inteiro na clínica veterinária. O gato não sobreviveu, mas a mulher ficou com ele até o fim, tomando providências para que o pequeno animal ficasse bem e em paz. Nessa experiência, ela descobriu que seu verdadeiro amor era o resgate de animais e abandonou uma carreira de sucesso como agente de investimentos para dar início a um abrigo de animais. Encontrar sua carta Os Amantes na forma de um gato doente foi o início de sua jornada do Louco.

Como você provavelmente já deve ter percebido, os Arcanos Maiores são o protótipo para uma jornada, mas, quando a jornada do Louco se manifesta em nossa vida, ela raramente tem o sentido lógico que os Arcanos Maiores nos induzem a acreditar. Além disso, essas cartas nem sempre prenunciam as implicações impactantes da vida, antes mencionadas. Receber Os Amantes em uma leitura não significa que você está destinado de imediato a um tipo de amor que altera sua vida. Talvez ela o estimule a dedicar um tempo de mais qualidade a alguém ou a algo que você ama. Talvez ela lhe lembre um momento Os Amantes já vivido. Uma das maiores dádivas do tarô é a forma de nos ancorar em nosso verdadeiro eu quando a vida começa a nos desviar do curso. Por intermédio da carta Os Amantes, é dito: "Lembre-se do que você ama".

7. O CARRO

Até este ponto da jornada, outras pessoas influenciaram diretamente as experiências do Louco. Pais, professores, instituições e até amantes moldam, a princípio, o curso da vida do Louco. Com a carta O Carro, porém, o Louco assume o total controle de si mesmo. No baralho RWS, esta carta apresenta a figura de um cocheiro que conduz duas esfinges de cores opostas. Em alguns baralhos, as criaturas seguem direções contrárias, indicando o caminho às vezes confuso que as jornadas pessoais podem tomar. Basicamente, O Carro representa o momento em que o Louco toma consciência pela primeira vez de que exerce a direção de si mesmo, de que é responsável e, acima de tudo, livre. Essa imagem de controle sobre o que é difícil controlar é também símbolo do processo em que o Louco aprende a controlar seus impulsos internos, suas emoções e suas palavras.

Em *Star Wars: Episódio IV – Uma Nova Esperança,* o Carro é representado pela nave Millennium Falcon, meio de transporte do contrabandista Han Solo e, mais tarde, espaçonave decisiva na liderança da frota rebelde. No primeiro contato com a Millennium Falcon, os personagens ficam apreensivos ao constatar sua aparente fragilidade, mas a aeronave ainda consegue transportá-los até a etapa seguinte da jornada. A bordo da Falcon, os personagens aprendem a viver e a trabalhar em equipe, controlando seu temperamento e seus impulsos pessoais a favor de uma união mais sólida entre todos.

O Carro pode representar a obtenção de carteira de motorista ou de passaporte. Também pode ser a graduação em curso profissionalizante ou faculdade, a mudança para o primeiro apartamento ou a primeira casa ou a desistência de uma profissão para se dedicar a outra. É um ponto de partida em que somos livres para definir nossas próprias regras e criar nossas próprias estruturas, mas sem nos esquecermos dos momentos imprevisíveis que acompanham esses processos.

Meu momento Carro foi a mudança para Nova York. Apenas concluída a faculdade, iniciei uma vida própria a quase cinco mil quilômetros de distância da minha cidade natal. Eu não era mais definida por regras de educação, pela instituição e por ser a pessoa que os outros conheciam. Na época da faculdade, comecei a estudar a Wicca e queria me aprofundar no assunto, mas a instituição de ensino ficava a apenas alguns quilômetros de onde cresci e eu era conhecida como "a Courtney católica". Falar sobre minha nova fé provocava risos disfarçados e comentários como "Claro que você é, *Courtney católica*!". Pode ser difícil desenvolver um novo senso de si mesmo quando todos ao seu redor "conheciam você quando"! Mudar-me para um lugar onde não conhecia ninguém me possibilitou expandir minha fé e refletir sobre ela e sobre outros aspectos a meu respeito, mas esse foi também um tempo em que precisei adaptar meu estilo de vida universitário anterior – fazer o que se quer, quando se quer; vestir o que tiver – a um estilo rigoroso, a ser praticado de segunda à sexta-feira, das nove da manhã às cinco da tarde. Além disso, a cultura da nova cidade exigiu um tipo diferente de adaptação. Esquecer a carteira de identidade em casa e pedir mil desculpas ao "leão de chácara" podia funcionar em um clube na minha cidade. Não funcionava na cidade de Nova York. Sentar-se na escada de incêndio em um dia ensolarado podia ser uma norma aceitável na minha velha casa, mas era infração sujeita a multa ou prisão na minha nova residência. Sim, havia liberdade, mas havia também a necessidade de controlar alguns impulsos para progredir na vida.

8. A FORÇA

Em A Força, a determinação do Louco é testada. A carta é tradicionalmente representada como uma mulher, coroada com o símbolo do infinito, introduzindo de modo calmo a mão na boca de um leão feroz. É uma imagem aparentemente estranha, mas que define o Louco como aquele que extrai sabedoria tanto de suas primeiras lições como de seus impulsos intuitivos ao encarar um desafio aparentemente impossível. Ele é obrigado a enfrentar alguma dificuldade. Talvez queira controlar o medo. Talvez esteja sem alternativa. De qualquer modo, precisa vencer o obstáculo para completar a jornada.

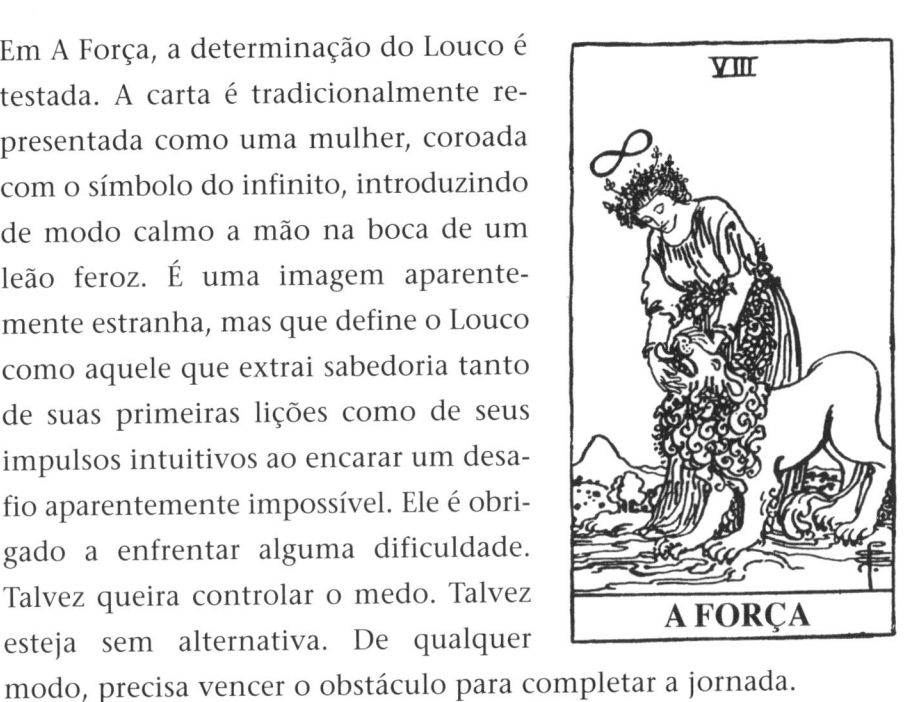

No penúltimo episódio da quinta temporada da série televisiva *Breaking Bad*, Jesse Pinkman, obrigado a produzir drogas todos os dias, está acorrentado e trancado em uma cela subterrânea. Certa noite, erguendo-se na ponta dos pés sobre o balde que serve de vaso sanitário, consegue saltar, agarrar-se às barras de ferro e, contorcendo-se, abrir o trinco do alçapão com a ponta dos dedos. Esgotado e com os braços enfraquecidos, ainda encontra forças para puxar-se para cima e fugir. Essa cena é um dos momentos mais comoventes da carta A Força a que assisti na televisão moderna. Praticamente toda a força do personagem se exaurira, mas ele desceu às regiões mais profundas de si mesmo para extrair o que lhe restava de energia, na tentativa de conquistar a liberdade.

Um momento Força na minha jornada pessoal não foi tão horrível (felizmente) quanto o exemplo de *Breaking Bad*. Eu era "capelã voluntária" no movimento Ocupe Wall Street. Dispunha de um espaço na tenda médica do Parque Zuccotti e atendia as pessoas que precisavam de alguém que as ouvisse. Certo dia, um homem que passava por um surto psicótico interrompeu a assembleia-geral para autoproclamar-se não só o líder do movimento – intencionalmente sem lideranças – como também o Messias.

Meu momento Força se manifestou na forma de amabilidade, convencendo o homem a afastar-se do grupo de trabalho que ele perturbava para orar comigo na esquina da rua. Foi preciso foco, paciência e calma da minha parte, atributos pouco naturais em mim. No momento, porém, encontrei forças – não apenas para evitar que o homem atrapalhasse a atividade dos outros, mas também para convencê-lo a me dar o celular. Eu precisava ligar para a esposa dele para comunicar a ela que o marido necessitava de mais ajuda do que a equipe da tenda médica do Ocupe poderia lhe dar.

A Força aparece em nossa jornada quando uma ideia se transforma em ação. Podemos acreditar que sabemos certas coisas sobre nós mesmos, mas apenas em momentos da carta A Força conhecemos a profundidade da nossa determinação. Podemos acreditar que temos medo do fogo, mas só descobrimos se somos calmos e controlados quando precisamos de fato fugir de um prédio em chamas. Esses momentos Força podem exigir força bruta ou ser aparentemente simples, como controlar a língua quando é imperativo que o façamos. A Força amplia nossos limites e revela nosso maior potencial.

9. O EREMITA

O Louco encontra o Eremita quando está perdido ou exausto em sua jornada. O Eremita é, em geral, representado como um homem idoso e frágil, com uma lanterna na mão. Essa lanterna ilumina o caminho para o Louco. O Eremita quase sempre surge de maneira inesperada, sendo uma fonte de força, sabedoria e às vezes cura. Embora viva afastado do mundo convencional, pode estar familiarizado com a jornada do Louco. Em geral, o Eremita aparece quando o Louco se encontra em um momento de necessidade, mas não fica à sua disposição por muito tempo. Para algumas interpretações, o Eremita é o Louco na meia-idade.

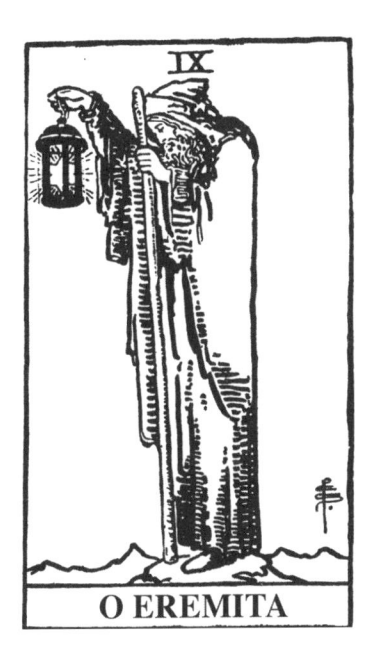

No romance *Amada*, de Toni Morrison, a grávida Sethe foge da escravidão correndo pela floresta. Quando está tão esgotada que não consegue mais correr, encontra Amy Denver, que acabava de completar seu período de servidão por contrato. Em uma construção isolada e abandonada, Amy faz o parto e ajuda Sethe a recuperar-se. Embora a jornada de ambas seja diferente, há uma compreensão mútua de onde cada uma delas veio e do que viveram. Quando Sethe se recupera, as duas mulheres continuam os respectivos caminhos.

Em nossa jornada, o Eremita aparece quando acreditamos que não conseguimos continuar sozinhos ou quando nos perdemos. Profissionais da medicina, especialmente nas UTIs ou em centros de reabilitação, desempenham a função do Eremita, tratando lesões em um ambiente estranho à nossa vida normal. Uma conversa casual ou significativa com um desconhecido com quem cruzamos também pode ser um momento Eremita.

Meu marido e eu tivemos um momento Eremita muito intenso certa noite, depois de um desentendimento com um motorista de táxi. O motorista estava irritado, hostil e, francamente, nos assustou. Quando por fim nos deixou sair, ainda estávamos longe de casa e demos sinal a outro táxi. Dessa vez, o motorista estava calmo e gentil. Quando lhe contamos o que havia acontecido com o primeiro motorista, com muita cautela ele falou das crenças de sua fé islâmica e de suas experiências como taxista na cidade de Nova York, ajudando-nos a ver o motorista anterior com um pouco mais de compaixão, ao mesmo tempo que também sentíamos certo pesar por nós mesmos. O Eremita não só oferece uma visão do nosso caminho de um ângulo diferente como também nos leva a lembrar a beleza e a graça quando o mundo se mostra hostil.

10. A RODA DA FORTUNA

Fortalecido pelo tempo com o Eremita, o Louco retoma sua jornada por intermédio da Roda da Fortuna. Cartas tradicionais da Roda da Fortuna mostram um disco inscrito em várias línguas, rodeado de arcanjos e divindades do antigo Egito. Embora forças espirituais poderosas estejam em ação, uma roda não gira sem o impulso terrestre. A sorte do Louco muda na Roda da Fortuna porque ele a põe em movimento. O momento na jornada pode parecer uma bênção, mas não é algo que apenas acontece. A bênção ocorre porque o Louco muda a própria sorte.

Diferentemente dos personagens anteriores do tarô, a Roda da Fortuna não aparece do nada. Representa uma escolha interior nossa para continuar quando seria mais fácil desistir. Um amigo meu passou pela experiência da Roda da Fortuna depois de ser atacado na volta para casa ao término de seu turno da noite. Quando se recuperou dos ferimentos (descansando em isolamento, como aspecto da carta O Eremita da sua jornada), saiu do emprego, onde não se dera bem, e se matriculou na escola para se preparar para outra carreira. Alterou deliberadamente o curso do próprio destino. Essa decisão implicou esforço e trabalho consideráveis, mas trouxe uma recompensa substancial: duas qualidades típicas da Roda da Fortuna.

A Roda também pode representar a indústria. Como o tarô foi inicialmente fabricado com produtos de papel que precisavam da ação de uma roda-d'água, essa carta pode significar invenção. No âmbito da nossa jornada, essas invenções têm o objetivo de melhorar sobremaneira nossa vida. Pode se tratar de uma invenção física real ou de uma nova rotina envolvendo saúde ou boa forma física. Pode ainda significar aceitação total da autoridade sobre nossas próprias ações. Uma amiga minha costumava dizer: "Estou girando minha roda!" sempre que estava trabalhando para melhorar algo em si mesma ou curar-se de uma ferida emocional que a estivesse atrapalhando. O comum entre os diferentes momentos Roda da Fortuna é que estes se baseiam em atitude proativa pessoal. A Roda simboliza não apenas mudanças para nós mesmos, mas também aquelas que escolhemos fazer.

11. A JUSTIÇA

Neste ponto da jornada, o Louco se depara com as consequências. A carta A Justiça, representada por um juiz sentado segurando uma espada e uma balança, determina o que o Louco deve em contraposição ao que lhe é devido. Inimigos do passado podem se reaproximar. Da mesma forma, boas ações podem ser recompensadas. A carta representa o restabelecimento do equilíbrio. Quaisquer desequilíbrios que o Louco tenha criado ou sofrido até aqui serão retificados – quer ele goste ou não.

Em *A Fantástica Fábrica de Chocolate*, Willy Wonka encarrega o sr. Slugworth de testar a honestidade e a determinação das crianças que visitavam sua fábrica. Quando o personagem principal Charlie Bucket comprovou sua lealdade e sua integridade, Wonka o recompensou com a propriedade da fábrica e todos os seus "segredos de fabricação de doces".

Um exemplo de justiça da vida real encontra-se na biografia e depois na série de TV *Orange Is the New Black*, em que a personagem principal, Piper, é presa por um crime que cometeu dez anos antes. Embora tivesse se afastado do passado para viver uma vida tranquila, cumprindo a lei, esse passado acabou exigindo que ela pagasse sua dívida com a sociedade.

Os momentos Justiça podem ser assustadores ou perturbadores, como quando um empréstimo deve ser pago inesperadamente. Também podem ser auspiciosos, como tirar férias com dinheiro economizado. Outro exemplo pode ser uma condição de boa saúde na velhice como resultado de alimentação saudável e prática de exercícios regulares na juventude. Outra versão ainda podem ser elogios por um trabalho bem-feito, uma nota de agradecimento por uma gentileza ou um presente.

A carta A Justiça pode indicar lições que ainda precisam ser aprendidas ou trabalhos por fazer. Não remete necessariamente a "punições" ou "recompensas". Pode sugerir a solução de um antigo conflito ou o cumprimento de uma promessa feita para si mesmo ou para outrem. Muitos clientes e alunos meus perguntam sobre o fim de relacionamentos românticos ou platônicos que não deram certo. A Justiça pode significar o término desejado ou simbolizar a aceitação de que algumas respostas nunca serão encontradas.

A carta A Justiça nos traz à lembrança as marcas que imprimimos em nós mesmos e neste nosso mundo e como beneficiamos e prejudicamos a nós e a ele. Nada neste mundo acontece no vácuo. Cada ação que praticamos gera uma onda que, para o bem ou para o mal, acaba encontrando seu caminho de volta para nós. Lembra-nos também que nem sempre podemos negligenciar tarefas inacabadas. Mais cedo ou mais tarde, talvez tenhamos de completar o que pensávamos já estar concluído.

12. O ENFORCADO

Apesar das boas intenções e da sabedoria interiorizada aprendida com outras pessoas ou com as experiências, chega um momento em que o Louco para. Diferentemente do Eremita ou dos primeiros personagens dos Arcanos Maiores, o Enforcado não é alguém que o Louco encontra, mas, sim, alguém que ele se torna por algum tempo. O Louco está suspenso em uma forca, por uma perna, de cabeça para baixo. Todos os outros momentos em sua jornada implicam escolha. Em O Enforcado, a única opção é render-se. O Louco é forçado a submeter-se às circunstâncias e possivelmente abrir mão de tudo aquilo pelo que trabalhou. A jornada parece inútil, e o objetivo, inalcançável.

Uma imagem muito conhecida do Enforcado seria Jesus Cristo preso à cruz. Depois de uma jornada tumultuada repleta de glória, mas também de perseguições e resistências, Jesus foi capturado pelas autoridades e suspenso em duas vigas transversais. Não havia escapatória, nenhum movimento possível. Sua única escolha era "entregar o espírito" e dar o último suspiro. As duas cartas seguintes, A Morte e A Temperança, estão fortemente ligadas a essa história bíblica. A relação do Enforcado com a perda representada pela Morte e o repouso no sepulcro implícito na Temperança nos ajudam a entender melhor o Enforcado.

Embora alguns possam argumentar que Jesus na cruz é um exemplo de martírio, o Enforcado se manifesta como sacrifício, não especificamente como martírio. Um mártir escolhe o autossacrifício; o Enforcado em geral representa sacrifício quando não há outra alternativa. O empresário pressionado pelo impasse de precisar demitir ou perder a empresa está diante do Enforcado. Do mesmo modo, a pessoa que não consegue pagar uma hipoteca, sendo forçada a decidir entre vender a casa ou devolvê-la ao banco, é outro dilema do Enforcado. Seja qual for o caso, O Enforcado representa decisões difíceis, muitas vezes determinadas pelas circunstâncias em si, não pela pessoa.

O Enforcado simboliza o sacrifício como única escolha, implicando a humildade de aceitar que somos impotentes no contexto de dada situação. Mas, como na história de Cristo na cruz, O Enforcado não representa finalização, mas o momento que precede uma transição radical.

13. A MORTE

A carta seguinte à de O Enforcado é A Morte. A imagem clássica dessa carta mostra uma figura esquelética pondo-se no caminho de camponeses e reis, indistintamente, simbolizando que ninguém está livre da morte. Entretanto, não se trata da morte física do Louco. A jornada está longe de terminar. A história dos Arcanos Maiores relaciona a Morte com o Enforcado por um bom motivo. Para prosseguir, o Louco precisa se sacrificar. Nesse ponto, o Louco vivencia a perda – de liberdade, de escolha ou de companhia. Alguma coisa na vida do Louco, ou talvez algo dentro dele mesmo, precisa morrer simbolicamente ou de fato para que a jornada continue.

    Mencionar um único incidente relacionado à Morte extraído de um filme ou de um livro é tarefa difícil. A perda é natural em todas as jornadas – vidas, relacionamentos, dinheiro, propriedade e muito mais. Às vezes, é natural para a história. Outras, parece ser apenas um golpe cruel do Universo. Minha geração talvez se lembre da cena na versão cinematográfica de *A História sem Fim* em que o personagem principal, Atreyu, perde seu cavalo Artax no Pântano da Tristeza durante a viagem. A perda foi devastadora para Atreyu (assim como para todos os que nasceram no fim dos anos 1970 e início dos 1980) e alterou a forma do restante de sua jornada. No entanto, mesmo com a perda de Artax, Atreyu tinha uma opção. Poderia ter deixado que essa perda o afastasse do caminho. Poderia ter escolhido seguir seu querido cavalo no pântano. Não obstante, escolheu continuar. Uma mensagem da carta A Morte é que, apesar de indicar uma perda em nossa jornada, ela não significa nosso fim.

De todas as cartas dos Arcanos Maiores, A Morte é a única que cada um de nós com certeza vivenciará. Felizmente, os momentos Morte não estão ligados de modo automático à morte daqueles que amamos. Podem sinalizar qualquer perda significativa. Após a crise econômica de 2008, meus clientes de tarô tiravam com frequência a carta A Morte, refletindo as perdas significativas de emprego que muitos deles tiveram. A promessa nesses momentos era a de que havia uma oportunidade de fazer algo diferente, talvez algo que eles amassem ainda mais. Foi uma oportunidade de transformação. Os momentos da carta A Morte também podem representar grandes mudanças no modo como vivemos. Às vezes, isso pode ser algo positivo. Uma amiga minha recebeu a carta A Morte em uma leitura que ela e o então namorado fizeram para si mesmos antes de assumir compromisso. Em vez de um sinal sinistro, a carta simbolizava a "morte" de uma vida solitária e a união com outra pessoa (e eles continuam felizes no casamento até hoje!).

A carta A Morte indica um fim. Muitas vezes é um fim desolador ou doloroso, mas nem sempre. Às vezes, pode indicar um início promissor. Uma das maiores verdades da carta A Morte é que ela é natural: *Valar morghulis*, "Todos os homens devem morrer". Essa é a expressão que lemos e ouvimos inúmeras vezes em *As Crônicas de Gelo e Fogo*, no original, em inglês, *A Song of Ice and Fire* [Uma Canção de Gelo e Fogo] e na subsequente série de TV *Game of Thrones*. Com a passagem do tempo ou a morte física, também devem morrer todos os esforços, ambições e até relacionamentos. Em todas essas situações, porém, pode-se sustentar que nada se perde de fato – tudo simplesmente se transforma. Essa é uma verdade da carta A Morte.

14. A TEMPERANÇA

A Temperança é a lição do Louco em equilíbrio. Pela posição que ocupa no tarô (depois do Enforcado e da Morte), também pode significar uma espécie de ressurreição. Após as perdas havidas no Enforcado e na Morte, o Louco vive com uma nova simplicidade, talvez se preparando para se reconstruir depois de ter perdido tanto. Acima de tudo, ele deve se concentrar nas lições aprendidas e desenvolver moderação e paciência. As lições mais profundas da carta A Temperança podem aparecer ao se refletir sobre ela em relação às experiências do Enforcado ou da Morte. No entanto, não precisamos experimentar essas duas cartas precedentes para encontrar A Temperança. Nem precisamos experimentá-las na sequência. Seja como for que se manifeste, A Temperança representa uma segunda oportunidade – uma oportunidade acompanhada de compromisso e equilíbrio criativo.

Há alguns anos, um amigo meu não estava se sentindo bem e foi ao médico, o qual o diagnosticou com uma doença potencialmente fatal que exigia mudanças no estilo de vida. Pessoalmente, vejo a carta A Morte como abandono de um estilo de vida que o estava matando. A Temperança é a vida de compromisso que ele precisava adotar após um contato tão próximo com a morte, um compromisso que incluía novas maneiras de comer, beber e cuidar da saúde pessoal.

Nem sempre as circunstâncias precisam ser extremas para encontrar a Temperança. Ela pode emergir quando batemos nas proverbiais paredes de tijolos, perdemos a paciência ou nos exaurimos. Alguns momentos Temperança podem incluir assumir um compromisso com um parceiro ou amigo depois de um período particularmente difícil no relacionamento. A Temperança aparece depois que algo nos diz que é preciso parar, observar o que está acontecendo conosco e dar início às mudanças que precisamos fazer. A Temperança dissolve as sequelas pessoais de maneira sistemática. Nós nos reequilibramos, de modo a não precisarmos reaprender lições já assimiladas. Todavia, como qualquer praticante de yoga pode comprovar, equilíbrio é tanto experiência quanto escolha. Nossos momentos Temperança não brotam de vácuos, mas de ocasiões no tempo que nos propiciam uma pausa, estimulando-nos ao compromisso com equilíbrio.

15. O DIABO

Nesta etapa da jornada, o Louco pode acreditar que o pior já passou, mas ainda precisa encontrar sua nêmesis. Dorothy enfrenta a Bruxa Malvada do Oeste. O príncipe enfrenta o dragão fora do castelo da Bela Adormecida. Frodo entra em Mordor. Em muitas dessas histórias, esse é o ápice da jornada do Louco, mas não o desafio final. Dorothy e Frodo ainda precisam chegar em casa, e a Bela Adormecida ainda precisa ser acordada. Esses demônios são sombras dos protagonistas em suas jornadas. Representam tudo o que os personagens temem e desprezam, além de obstáculos que os impedem de alcançar seus objetivos. O Diabo é, com frequência, a carta mais dissimulada ou mesmo mais dolorosa que o Louco encontrará, mas muitas vezes é também sua maior experiência de aprendizado.

Os personagens que acabam de ser mencionados são Diabos simples. O Diabo é o único personagem que o Louco deve enfrentar, e para isso recebe grande ajuda. Com o Diabo abatido, o perigo passa, e o Louco está livre para voltar à vida normal. Diabos são muito mais complexos na vida real. Podem aparecer como uma pessoa em si, mas podem de igual modo se manifestar como um sistema ou uma situação. Sua derrota provavelmente não se dará em uma única batalha, sendo talvez necessário fazer conchavos, contemporizar ou negociar.

O filme *Hotel Ruanda* detalha uma história verídica em que o proprietário do estabelecimento, Paul Rusesabagina, abrigou e protegeu cerca de 1.500 pessoas durante o genocídio de Ruanda. Nesse exemplo, o Diabo aparece sob vários disfarces: o extremismo que alimentava o morticínio, o conhecimento e a relutância de outras potências mundiais para impedir o conflito e sua inércia quando este começou e, recuando um pouco no tempo, o colonialismo que dividiu as pessoas e as opôs umas às outras. Essa história de Rusesabagina não foi resolvida em uma luta, mas por meio de uma série de negociações, subornos e outros atos de astúcia contra os vários grupos que ameaçavam seus hóspedes.

Diabos são uma constante em nossa jornada. Podem ser concorrentes ou inimigos. Podem ser sistemas racistas, classistas, sexistas, fóbicos ou outras estruturas que infligem violência contra nós. Outros Diabos são internos. Podem surgir na forma de distúrbios alimentares, vícios ou outras doenças emocionais, mentais ou físicas. Podem ser aspectos do caráter que prejudicam o eu ou os outros. Podem até ser nossas dúvidas ou nossos medos. Em outras jornadas, o Diabo pode se manifestar ao acaso como um obstáculo no caminho. Seja qual for sua identidade, um Diabo deve ser derrotado, ou pelo menos aplacado, se quisermos perseverar e completar a jornada que começamos.

16. A TORRE

A carta seguinte nesta série de "lições duras" dos Arcanos Maiores é a Torre, na qual o Louco passa pela experiência de uma grande reviravolta provocada por uma força externa. A carta é, em geral, representada com raios atingindo uma torre de pedra. Destroços despencam das estruturas. Simbolicamente, uma estrutura existente na vida do Louco, antes considerada inabalável, é arrasada. Seja esse ato praticado pelos homens ou pelos deuses (ou uma combinação de ambos), a jornada do Louco não será mais a mesma.

Anos atrás, sonhei que estava no último andar de um arranha-céu. O edifício girou e desabou, mas saí ilesa do meio dos escombros. Mais tarde naquela semana, a empresa na qual eu trabalhava demitiu uma pessoa que eu acreditava ser fundamental para a organização. A perda afetou profundamente todos os funcionários e o conselho diretor, e foi por certo um período de agitação. Embora eu lamentasse a saída dessa pessoa, assumi algumas tarefas dela (uma forma de recolher os escombros) e, ao fazer isso, minha própria segurança no emprego aumentou.

Já percebi que a Torre sugere uma mudança para uma condição mais próspera, uma gravidez ou um nascimento, ou um romance inesperado que "vira o mundo de alguém de cabeça para baixo". Também notei que significa uma grande perda, como uma morte súbita ou um incêndio. O ataque ao World Trade Center em 11 de setembro de 2001 destruiu duas torres, literalmente. A dramática catástrofe em termos de perdas pessoais, a sensação de insegurança e a necessidade de reorganizar o sistema de segurança nacional foram sentidas em todo o mundo. De fato, o mundo não foi mais o mesmo depois desse momento Torre em nossa jornada coletiva do Louco. Contudo, enquanto escrevo estas palavras, a nova Torre da Liberdade, o edifício mais alto do hemisfério ocidental, está hoje aberta no mesmo lugar onde ficavam as Torres Gêmeas, assinalando o período de renovação.

Muitos momentos podem ser ilustrados por diferentes cartas do tarô. Momentos Torre podem se assemelhar a momentos Morte em decorrência das perdas que quase sempre implicam. Por exemplo, quem se lembra dos ataques de 11/9 pode muito bem associar o evento à Morte pelas perdas causadas, ao Diabo pela trama como investida inimiga e talvez ao Imperador pelas conotações políticas. Também associo a essa data a Temperança, considerando os procedimentos de segurança minuciosamente ampliados com que hoje convivemos. Tudo isso é verdade, mas o aspecto mais significativo ao considerar o 11/9 uma personificação particular da Torre é que ele representa o colapso de uma estrutura criada por pessoas e que todos acreditavam ser permanente. Quando a Torre desaba, quase sempre pega em total surpresa todos os que têm algum envolvimento com ela.

Os momentos de turbulência na Torre podem sem dúvida ser traumáticos, embora nem todos. Muitos podem ser esclarecedores. Quando sofro com o frustrante bloqueio de escritor, o momento em que ele por fim cessa é um abençoado momento Torre, já que, em geral, fui eu mesma que o criei inadvertidamente e em momentos difíceis imagino ser permanente. Uma leitora de tarô amiga minha chama a Torre de momento "ahá", quando crenças e estruturas a que até então nos agarrávamos com tanto fervor cedem em nome do progresso e do esclarecimento.

Resumindo, o aspecto mais afortunado da carta A Torre é a oportunidade de reconstruir.

17. A ESTRELA

Neste ponto, o Louco sobreviveu às passagens mais difíceis da jornada e tem todos os motivos para desistir. Mas na carta A Estrela as nuvens se abrem e a luz penetra em seu caminho. Ele volta a se lembrar da sua missão inicial. Continua andando, sustentado apenas pela esperança, pois esta é o único bem que não lhe foi tirado. Podemos considerar a carta A Estrela como a Estrela do Norte de um navegador. O Louco volta a entrar em contato com o que o guia. Entretanto, a maioria dos personagens que o ajudaram a configurar seu chamado não está mais com ele. Ele está sozinho nessa etapa da jornada, mas as vozes do passado o impelem a avançar, e a promessa de conclusão e de conquista do objetivo ainda acena.

Em minha jornada como ativista, os momentos Estrela foram essenciais para me manter ativa quando a ação dava sinais de fracasso iminente. Fosse essa ação um movimento de repúdio a alguma guerra, uma marcha pela preservação de uma igreja histórica ou uma manifestação contra o fraturamento hidráulico, cada uma constituía uma jornada do Louco e incluía um momento (muitas vezes, vários) em que as perspectivas eram sombrias, e a tendência a desistir, forte. Nesses momentos, eu tinha a impressão de que havia muito mais que poderia estar fazendo com meu tempo, coisas que não parecessem como se eu estivesse enviando sinais no convés de um navio prestes a afundar. No entanto, cada uma dessas batalhas me pegou sozinha em algum momento, muitas vezes olhando para as estrelas e decidindo continuar a luta, mesmo que isso significasse apenas o recolhimento dos escombros como resultado derradeiro. Embora eu ainda não consiga comemorar o fim das guerras desencadeadas pelo meu país, pude celebrar a restauração bem-sucedida de uma catedral deslumbrante, a abolição do fraturamento hidráulico no estado de Nova York e a igualdade matrimonial no território norte-americano.

A carta A Estrela nos lembra que, mesmo em tempos sombrios, a esperança não se perde. Lembra-nos também que o destino, o tempo e as circunstâncias podem nos despojar de muitas coisas, mas nunca da esperança. A esta só podemos renunciar voluntariamente. De modo geral, a carta A Estrela não pressagia um evento específico. Antes, indica um momento de escolha. Nós escolhemos ter esperança. Nós escolhemos "botar" fé. Nós escolhemos continuar em direção a algo incerto, mesmo quando todos os sinais lógicos instigam a parar.

18. A LUA

O Louco ainda atravessa um trecho mais escuro da jornada, mas o caminho agora está mais iluminado. A Lua lança luz sobre elementos confusos, dando-lhes forma e contexto. Os mistérios são resolvidos, pelo menos em parte. Lembranças podem aflorar. Com a luz da Lua, o Louco está mais bem equipado para percorrer o restante da jornada.

No entanto, a Lua nem sempre teve conotação positiva no tarô. Baralhos e escritos mais antigos a associavam ao "estado lunático", isto é, ao Louco desgarrando-se da realidade. No livro *Tarot Wisdom*, Rachel Pollack destaca que as colunas da carta A Sacerdotisa, as esfinges da carta O Carro e os demônios acorrentados da carta O Diabo apresentam divisões nítidas de preto e branco, mas na carta A Lua os pilares no fundo expõem um cinza suave.[1] Isso parece sugerir que as percepções de poder, lugar, proeminência e tudo o mais do Louco mudaram. Não há clareza se o Louco está ou não sofrendo de um colapso mental. Ele pode simplesmente ter a sensação de estar "enlouquecendo", pois o mundo que acreditava conhecer já não se parece mais com aquele em que vive. Todavia, a mensagem da Lua não é questionar a percepção da realidade do Louco, mas mostrar que ela mudou. Talvez as provações da Torre, da Morte ou outras tenham alterado tão radicalmente a vida que ele não consegue mais voltar ao mundo que conhecia. No mínimo, não consegue enxergar esse mundo do mesmo modo.

Conheci um homem que sofreu pessoal, social e profissionalmente durante anos. Ele se sentia diferente de outras pessoas, mas não sabia dizer como. Por causa dessa falta de clareza, não encontrava nenhum recurso para remover os obstáculos que o atrapalhavam em muitas áreas da vida, inclusive nos relacionamentos pessoais e sucessos profissionais. Quando recebeu o diagnóstico de um retardo cognitivo específico, tudo por fim adquiriu sentido lógico. As dificuldades que enfrentara até então não desapareceram, mas as novas informações o ajudaram a controlá-las melhor. Um grande mistério em sua vida foi resolvido. Seu mundo em si não se alterou, mas a maneira como ele o via seguramente mudou. Ele tinha mais luz, como a da lua cheia em uma noite escura, para enxergar melhor sua jornada.

A carta A Lua pode se manifestar como a revelação de um segredo familiar ou uma revelação pessoal que redefine a vida de uma pessoa, como aceitar orientação sexual, identidade de gênero ou uma crença religiosa diferente daquela em que foi educada. Pode ser uma informação que muda nossa perspectiva das coisas: "Nunca mais vou comer mortadela agora que vi como é feita".

A Lua não remove obstáculos, mas sua luz nos ajuda a compreendê-los e a lidar com eles. Uma das belas verdades da carta A Lua está nos diferentes animais que olham para ela – o lagostim e os lobos. Seja qual for a espécie, todos nós vivemos a experiência da Lua. Todos nós, em algum momento, teremos uma verdade revelada – seja ela prazerosa ou dolorosa – que vai alterar de modo permanente o modo como vemos as coisas. Por fim, a passagem concreta da Lua pelas diferentes fases ao longo de um mês lembra-nos que, quando recebemos a carta A Lua em uma leitura, sentimentos de desorientação que podem acompanhar as revelações são fases em si mesmas. Com o tempo, vamos nos adaptar ao novo mundo iluminado de maneira muito diferente pelos momentos da nossa carta A Lua.

19. O SOL

A carta O Sol, em geral, mostra uma criança cavalgando um pônei, com o sol dourado brilhando sobre ela. É uma imagem de pura alegria. Ela contém o símbolo do recomeço, como muitas imagens dos Arcanos Maiores. No entanto, esse "novo começo" para o Louco é diferente do simbolizado por outras cartas, isso porque as circunstâncias do Louco podem não ter mudado, mas sua perspectiva se alterou. Talvez essa perspectiva consista em finalmente o Louco se sentir à vontade com a nova visão de mundo que encontrou em A Lua. Talvez seja uma nova aura de confiança que não provém da aprovação dos outros, mas de si mesmo. Qualquer que seja a forma de manifestação dessa nova perspectiva, o fato é que o Louco retomou sua caminhada com uma tenacidade só equiparada à de uma criança. Alguns pensadores sérios dizem que a segunda metade da vida consiste em derrubar os muros que a pessoa construiu na primeira metade. Na carta O Sol, esses muros estão muito distantes do Louco. Ele não tem nada a que se prender e tudo a ganhar.

Em *Tarot Symbolism*, Robert V. O'Neill diz que a carta O Sol é a visão do Louco saindo da caverna de Platão: "Ele não vê mais a realidade como sombras na parede da caverna. Agora vê o sol em toda sua glória. A paisagem inóspita da Lua se transformou em raios de luz, relva e flores. O Louco alcançou o ápice da vida natural. Esse é o ponto máximo a que ele pode chegar levado pelo próprio poder".[2]

A cena final do primeiro filme *Rocky, um lutador*, representa para mim O Sol em ação. Rocky enfrenta no ringue um adversário supostamente imbatível e não é páreo para ele em termos de habilidade e experiência, mas sua tenacidade é inigualável. Ele não vence a luta, mas sua aplicação, sua vitalidade e sua total falta de inibição lhe garantem sucesso em seu objetivo pessoal, que é simplesmente "superar a distância". Como O'Neill mencionou, Rocky foi o mais longe possível por conta própria.

O poder pessoal representado pelo Sol não é o que se reflete em realizações ou em opiniões de terceiros. Antes, é um momento de total confiança em nós mesmos, exatamente por sermos nós mesmos. Talvez esses sejam momentos em que somos como Rocky. Talvez pareça que o mundo pensa que somos loucos, mas por um momento não nos importamos. Certa ocasião, assisti no YouTube ao vídeo de uma mulher de meia-idade, obesa, em uma calça de moletom, dançando em um *shopping center*. Ela estava completamente deslumbrada com a música. As pessoas a observavam, algumas riam. Muitos comentários ao vídeo eram educados e carinhosos, outros nem tanto. Essa mulher com certeza não ignorava os olhares ou as observações inconvenientes, mas a felicidade em seus passos sugeria que não se importava. Ela era a personificação do Sol na jornada do Louco. Se acabara de receber a melhor notícia da vida ou apenas adorava a música no alto-falante, isso não importava. Ela estava vivendo o total abandono da restrição e da crítica e se entregando à alegria da carta O Sol. Seus passos demonstravam isso.

20. O JULGAMENTO

A carta O Julgamento geralmente mostra um anjo abrindo as nuvens e tocando uma trombeta em direção à Terra. Os mortos despertam dos túmulos, talvez para subirem aos céus. Para o Louco, significa receber um chamado do Espírito ao se aproximar do fim da jornada. Esse chamado pode ser na forma de um convite para outra jornada ou de um pedido de esclarecimento para conhecer o conteúdo e o propósito de sua jornada durante todo esse tempo. Na descrição de Waite, esta carta reconhece a grande transformação vivida pelo Louco, com a aceitação da alegria ou talvez do medo que acompanha esse reconhecimento.[3] Talvez esse reconhecimento chegue ao Louco de uma fonte externa (pense nos prêmios que o Mágico dá aos companheiros de Dorothy no fim de *O Mágico de Oz*). Talvez ele derive de uma fonte interna. Como pergunta Waite: "O que dentro de nós soa uma trombeta e tudo o que é inferior em nossa natureza responde, elevando-se – quase em um momento, quase em um piscar de olhos?".[4]

Esforcei-me por muitos anos para escrever um romance. Durante todo esse tempo, tive visões de um baralho de tarô. Resolvi trabalhar na criação desse baralho, pensando que iria "tirá-lo da cabeça" para então me concentrar no romance, que eu imaginava como minha verdadeira grande obra. Rebaixei o baralho ao nível de uma distração, mas como ele não me saía do pensamento deixei o romance de lado e me dediquei ao baralho. Quando estava quase pronto, só então percebi que *ele* era o romance que eu tanto me esforçava para escrever. Meu momento Julgamento nessa jornada criativa do Louco foi perceber que eu estava no caminho certo da criação o tempo todo. Além disso, foi um chamado à ação, indicando que meu trabalho criativo estava no campo da metafísica.

O Julgamento é também o momento em nossa jornada quando de repente temos um vislumbre do próximo capítulo. A verdade revelada na carta O Julgamento difere de outras cartas reveladoras – como a da Lua, que, muitas vezes, é verdade em retrospecto –, porque o Julgamento perscruta o futuro. Muitos clientes meus recebem essa carta quando estão procurando esclarecimentos sobre a carreira escolhida ou sobre seus relacionamentos. É um sinal que diz: "Vá nessa". Quando refletimos sobre a carta O Julgamento surgida em várias ocasiões em nossa jornada pessoal, constatamos que ela representou momentos que envolviam um estímulo a uma nova aventura. Em outras circunstâncias, pode significar a necessidade de tomar uma decisão. Nesse caso, essa decisão terá impacto forte o bastante para alterar o futuro do caminho, sem ser exatamente o fim. O fim ainda está por vir. A carta O Julgamento também pode nos alcançar quando estamos a centímetros da linha de chegada, mas podemos ser tentados a ceder ao cansaço. Ela nos pergunta: "Você chegou até aqui. Vai realmente desistir agora?". E mais: nos relembra nosso primeiro chamado, a razão por que começamos essa confusão de jornada, antes de qualquer coisa. Também nos lembra que nosso destino tem, em geral, como base escolhas específicas do começo ao fim e que, se quisermos terminar o que começamos, temos de escolher fazer exatamente isso, mesmo quando o fim parece estar à vista.

21. O MUNDO

A mulher representada na carta O Mundo simboliza o fim da jornada do Louco. Os créditos rolam, o capítulo termina. Talvez haja uma sequência ou talvez esta seja a última vez que veremos o Louco. O Mundo representa um fim, mais promissor que traumático, porém. O trabalho que o Louco pretende realizar é concluído de acordo com o desejo do Universo.

Esta carta é também a sinalização de uma nova jornada prestes a começar. Talvez essa nova jornada corresponda ao fim da vida mortal do Louco e, em caso afirmativo, representa a transformação do Louco em uma nova encarnação, seja em uma vida após a morte, uma reencarnação ou uma transformação física em solo e minerais que alimentam árvores e flores. O Mundo continua girando, e assim o Louco também se mantém em movimento.

O ritual da colação de grau é um exemplo perfeito de um momento Mundo. Uma jornada educacional termina, e o diploma é conquistado. A maioria das pessoas provavelmente descreveria a jornada pelo ensino médio, pela faculdade ou por outros níveis como cheia de altos e baixos, personagens e obstáculos com os quais o Louco se depara nos Arcanos Maiores. Uma das minhas clientes perguntou há pouco tempo se sua próxima viagem de negócios à América do Sul seria a última para essa parte do continente. Ela tirou a carta O Mundo.

A mensagem parecia dizer que de fato essa seria sua última viagem à América do Sul. A ideia não a aborreceu, pois já vinha sentindo havia algum tempo um desejo de mudança na carreira, mas queria ter certeza de que o trabalho que iniciara chegaria a termo com sucesso. Receber uma carta que significava um final exitoso e completo foi o impulso decisivo para viajar e concluir o trabalho necessário.

Quando recebemos a carta O Mundo, uma porta se fecha, mas outra se abrirá em breve. Os Arcanos Maiores nos lembram que nada desaparece de fato do nosso mundo. Nada acaba; apenas se transforma. A diferença na carta O Mundo em comparação com outras cartas de transformação ou conclusão é o sinal de ascensão a ela inerente. Quando recebemos essa carta, nos "nivelamos". O nível em que estivemos trabalhando com tanto empenho chegou ao fim, e estamos livres para ver o que mais somos capazes de fazer e ser. Oswald Wirth observa que o personagem no centro da carta O Mundo é como "um esquilo que faz sua gaiola girar".[5] A carta também nos lembra que, mesmo na morte, não deixamos este mundo; apenas mudamos de forma. Nós somos o mundo, e o mundo somos nós.

E o mundo continua girando...

DESCOBRINDO SUA JORNADA DO LOUCO

Nossa vida é feita de histórias divididas em capítulos formando volumes. Todos nós já vivemos a jornada do Louco ao longo da vida, e podemos tê-la vivido durante alguns meses, uma semana ou mesmo um dia. Identificar sua jornada por meio dos arquétipos dos Arcanos Maiores é o passo inicial na leitura do próprio tarô. Este primeiro exercício vai examinar como a jornada do Louco se manifestou em suas experiências.

Sua jornada do louco

Pense em toda sua vida até este momento como uma longa viagem pelos Arcanos Maiores, com você como o Louco. No exercício a seguir, faça anotações sobre a forma que cada carta assumiu em sua jornada pessoal. Quem que participa da sua vida corresponde ao cenário? Como você descreveria essa pessoa e o papel dela em sua vida?

Por exemplo, para a carta A Imperatriz, você relacionaria pessoas que representaram figuras maternas. Neste exercício, não se fixe em ocasiões em que você foi a figura da carta para outra pessoa. Vamos explorar esse aspecto no exercício seguinte. Este primeiro gira em torno de outras pessoas e experiências que afetaram de modo significativo sua jornada.

Algumas cartas podem parecer bastante familiares às experiências que você teve. Outras podem parecer estranhas. Algumas podem ter exercido grande influência, enquanto outras tiveram impacto menor. Você pode não ter passado por todas essas possibilidades ainda. Se for esse o caso de alguns personagens, escreva "ainda não". É bem possível que você venha a se lembrar de um exemplo mais tarde, mas mesmo que isso não aconteça a prática deixa espaço para identificar essas cartas personificadas à medida que se materializam.

Você pode achar que uma pessoa ou um exemplo se encaixa em mais de uma categoria dos Arcanos Maiores, inclusive várias vezes. Está tudo bem listar a mesma pessoa ou o mesmo exemplo mais de uma vez. Algumas pessoas ou situações causam impressões muito profundas – mais profundas que uma única carta de tarô pode conter.

Também não há problema em estender essas definições. Talvez você não tenha conhecido seu pai, mas teve uma irmã mais velha que deu todo apoio à sua mãe. Se essa situação lhe parecer uma definição apropriada para o Imperador na jornada do seu Louco, registre isso. Você não está sendo testado. Não há resposta errada.

Como você provavelmente perceberá, jornadas do Louco na vida real seguem com pouca frequência a mesma ordem cronológica em que estão escritas nos Arcanos Maiores. De modo geral, nossas viagens dão voltas, recomeçam, saltam à frente ou cruzam essas linhas diversas vezes. Não queira forçar sua jornada de vida pessoal a seguir a ordem cronológica do tarô. Apenas anote os exemplos da melhor maneira possível.

- O Mago: Um orientador ou professor influente.
- A Sacerdotisa: Um guia espiritual ou um momento de profunda inspiração.
- A Imperatriz: Sua mãe ou uma figura materna.
- O Imperador: Seu pai ou uma figura paterna.
- O Hierofante: Uma figura representativa.
- Os Amantes: Um novo amor – um relacionamento romântico ou platônico com uma pessoa, ou uma vocação.
- O Carro: Um momento em que você se estabeleceu por conta ou assumiu o controle de si mesmo ou de uma situação.
- A Força: Um momento em que você demonstrou vigor pessoal.

- O Eremita: Um momento em que você chegou a uma nova compreensão durante um período de solidão ou por meio de uma pessoa despretensiosa.
- A Roda da Fortuna: Um momento em que você alterou suas circunstâncias por opção, determinação, aproveitando uma oportunidade ou de alguma outra forma.
- A Justiça: Um momento em que você foi devidamente recompensado ou punido por palavras ou ações.
- O Enforcado: Um momento em que você ficou paralisado ou sem opção.
- A Morte: Um momento em que você sofreu uma grande perda.
- A Temperança: Um momento de compromisso ou de equilíbrio, e/ou "de volta à vida".
- O Diabo: Um inimigo – seja uma pessoa ou situação externa ou um conflito interno.
- A Torre: Um grande colapso – quando algo ruiu de repente ou um grande momento "ahá!".
- A Estrela: Uma esperança ou um sonho – talvez um momento em que você optou por esperar, sonhar ou agir com fé.
- A Lua: Um grande mistério ou segredo que você guarda ou guardou, ou um momento em que um mistério lhe foi revelado.
- O Sol: Um momento em que você se entregou totalmente à confiança e à alegria.
- O Julgamento: Um momento em que você ouviu um chamado à ação ou tomou uma grande decisão que mudou de forma drástica sua vida.
- O Mundo: O fim de um capítulo em sua vida.

Uma jornada em um dia

Pense em seu dia como uma jornada do Louco completa. Trabalhando apenas com os Arcanos Maiores, tire cinco cartas e deite-as em linha. Da esquerda para a direita, essas cartas representam:

1. Manhã
2. Meio-dia
3. Início da tarde
4. Fim da tarde
5. Início da noite

Um exemplo de leitura:

1. Manhã – A Imperatriz: Meu marido e eu ainda não temos filhos, mas tomei providências para que tivéssemos um café da manhã saudável. Também falamos sobre finanças e necessidades domésticas. Foi uma manhã substanciosa e revigorante.
2. Meio-dia – O Julgamento: Em reunião com uma colega, discutimos planos para uma função de grande responsabilidade. Ao fim do encontro, ela me deu uma ideia relacionada a uma oportunidade que eu estivera procurando.
3. Início da tarde – A Força: Fiquei muito sonolenta após o almoço, então fiz todo o possível para recorrer à minha força pessoal e me manter acordada sem café. Para isso, levantei-me da mesa e fui caminhar. Considerando que apenas recentemente renunciei à cafeína, foi necessária muita força!
4. Fim da tarde – O Imperador: À tarde, outra colega e eu trabalhamos em um projeto de assistência institucional, fortalecendo um programa que não começamos, mas herdamos e

agora gerenciamos. Também trocamos histórias sobre nossos pais. Muito apropriado!

5. Início da noite – Os Amantes: As noites de sexta-feira são reservadas a mim e ao meu marido. Como hoje é sexta-feira, passamos um bom tempo conversando e ouvindo algumas músicas do nosso agrado.

O objetivo do exercício é ajudar você a se familiarizar com os Arcanos Maiores no contexto de ocorrências mais rotineiras que de eventos significativos da vida. Nas autoleituras, eles se manifestarão como ambos. Em sua leitura, o que você aprendeu sobre as cartas tiradas? Em retrospecto, o que aprendeu sobre seu dia? Algum momento menos significativo teve impacto maior do que você imaginava? Alguma coisa nessa leitura lhe causou surpresa?

Você na jornada de outras pessoas

Como a carta O Mundo nos lembra, não operamos no vácuo. Somos todos Loucos em nossa jornada entrelaçada com a jornada das outras pessoas. Ao longo da vida, desempenharemos os mesmos papéis arquetípicos que outros exerceram para nós.

Neste exercício, faça o possível para identificar casos em que você foi um desses arquétipos a outra pessoa. Deixe de lado as preocupações relacionadas às projeções do ego. Outros talvez não a vejam em suas jornadas como você se vê, mas isso não é um problema. Faça tudo o que puder para tirar conclusões, sem se preocupar se o outro concordaria com sua avaliação. O objetivo último aqui é compreender melhor os dois lados dos Arcanos Maiores do tarô, e essas anotações são somente para você.

Anote as respostas para as perguntas a seguir. Se não conseguir encontrar um exemplo, registre apenas "não tenho certeza" ou "ainda não".

- O Mago: Quando você agiu como professor ou orientador para outra pessoa?
- A Sacerdotisa: Quando você agiu como conselheiro casual ou inspirou outra pessoa?
- A Imperatriz: Quando você agiu como mãe ou figura materna?
- O Imperador: Quando você agiu como pai ou figura paterna?
- O Hierofante: Quando você agiu como figura de autoridade, talvez religiosa, institucional, empresarial ou algum outro tipo de organização?
- Os Amantes: Quando você foi objeto do afeto de alguém ou talvez apresentou outra pessoa a algo ou a alguém por quem ela se sentisse atraída?
- O Carro: Quando você foi a força que estimulou alguém a assumir o controle ou esteve sob o controle de outra pessoa?
- A Força: Quando você foi fonte de força para outra pessoa?
- O Eremita: Quando você agiu como um farol de sabedoria para alguém? Quando ofereceu consolo a alguém?
- A Roda da Fortuna: Quando você ajudou a mudar as circunstâncias ou deu uma oportunidade a outra pessoa?
- A Justiça: Quando você deu "o que o outro merecia", seja um elogio, um castigo, ou tomou alguma outra atitude?
- O Enforcado: Quando você evitou que outra pessoa agisse segundo a vontade dela?
- A Morte: Quando você foi causa de morte, perda ou término significativo?

- A Temperança: Quando você criou restrições ou equilíbrio para outra pessoa ou situação ou ajudou a dar-lhe uma nova vida?
- O Diabo: Quando você foi um obstáculo ou inimigo para outra pessoa ou situação?
- A Torre: Quando você foi motivo de tumulto ou colapso?
- A Estrela: Quando você transmitiu esperança?
- A Lua: Quando você revelou um segredo, especialmente um que implicasse outra pessoa?
- O Sol: Quando você inspirou otimismo, coragem ou confiança a outra pessoa?
- O Julgamento: Quando você fez uma convocação à ação ou ajudou a resolver uma situação confusa?
- O Mundo: Quando você contribuiu para um término?

Reforçando: faça todo o possível para encontrar exemplos de si mesmo nesses papéis. Todos nós desempenharemos a maioria desses papéis em algum momento, quando não todos. Às vezes, podemos não ter consciência deles quando acontecem. Este exercício e o anterior podem servir muito bem como modelos de prática anual.

Os papéis que desempenhamos

Este próximo exercício examinará em maior profundidade os papéis dos Arcanos Maiores que você desempenha na jornada de outras pessoas. Especialmente se você teve dificuldade em reconhecer esses papéis no exercício anterior, este pode ajudá-lo a identificá-los.

Trabalhando apenas com os Arcanos Maiores, tire ao acaso quatro cartas e deite-as em linha, com a face para cima. Da esquerda para a direita, o significado de cada carta é:

1. O papel mais importante que você desempenha para outros.
2. O papel menos importante que você desempenha para outros.
3. Como você estimula os outros.
4. Como você beneficia os outros.

Minha autoleitura foi:

1. O papel mais importante que exerço em relação aos outros: A Lua – grande parte do meu trabalho consiste em elucidar mistérios, como escrever livros sobre tarô! No entanto, como a Lua também pode significar criar mistério, convém me precaver para não me desviar muito.
2. O papel menos importante que exerço em relação aos outros: O Sol – se considerarmos o Sol jovial e alegre, é possível que eu tenha espaço para proporcionar mais jovialidade e alegria aos outros. Sou muito focada no trabalho. Talvez haja mais espaço para lazer. Então, novamente, a luz brilhante do sol pode queimar, enquanto a luz da lua é mais branda. Talvez uma luz mais suave seja algo que eu possa oferecer.
3. Como estimulo outras pessoas: O Julgamento – vendo o Julgamento como um apelo à ação, isso faz sentido para mim, pois com frequência organizo ativistas e os reúno para o

trabalho. Também facilito a tomada de decisões no meu *Coven* e no emprego. O outro aspecto da carta O Julgamento pode me estimular a ser cuidadosa ao julgar terceiros.

4. Como beneficio outras pessoas: A Torre – esta carta parece um benefício estranho; todavia, se há benefício em demolir uma estrutura existente, esse pode ser o caso! Gosto de desafiar normas e quebrar regras. Talvez incentive outras pessoas a agir do mesmo modo.

Você se surpreendeu com alguma de suas cartas? Lembre-se: este exercício é apenas um instantâneo de sua vida neste momento. Seus papéis para outras pessoas vão mudar, mas você perceberá certos padrões ao longo do tempo. Este exercício pode ser repetido a cada três ou quatro meses. Fazê-lo com mais frequência que isso provavelmente parecerá contraditório e pode causar confusão. Não se esqueça de fazer anotações e comparar novas leituras com as anteriores.

TRÊS

CARTAS DA CORTE

As dezesseis cartas denominadas, em geral, Valete, Cavaleiro, Rainha e Rei constituem o que conhecemos como a corte do tarô. Encontram-se nos quatro naipes dos Arcanos Menores. As cartas da corte representam indivíduos que fazem parte de nossa vida, papéis que desempenhamos na vida dos outros ou ainda aspectos de nós mesmos. Às vezes, atuam como mensageiras; outras, denotam conflito. Algumas se manifestam nas leituras como lições ou prenúncios auspiciosos. Nas minhas autoleituras, as cartas da corte me proporcionaram algumas das experiências mais intensas e sincrônicas.

Essas cartas parecem assemelhar-se aos Arcanos Maiores, mas minha experiência com elas revela que são mais fluidas que estes. Embora em uma leitura a presença de mais de uma carta da corte possa significar por certo mais de uma pessoa ou influência em uma situação, é provável que também represente mais de um aspecto de uma pessoa ou influência. Conquanto essa afirmação seja válida para as cartas dos Arcanos Maiores em algumas leituras, percebi que essa fluidez é um pouco mais comum entre as cartas da corte. Além disso, as cartas da corte significam a diversidade de papéis que desempenhamos no momento atual de nossa vida, em contraposição aos Arcanos Maiores, que com maior probabilidade ilustram os papéis que desempenhamos ao longo de toda a vida.

Quem são esses personagens?

No passado, as cartas da corte podem ter representado a hierarquia social de sempre: os Reis eram os grandes governantes. As Rainhas detinham certa autoridade, mas menor que a dos reis. Os Cavaleiros eram vistos como força de elite, responsável pela segurança, mas sem as qualidades de liderança dos Reis e das Rainhas. Os Valetes eram subservientes, com a possibilidade de se tornarem Cavaleiros, mas trabalhando como serviçais durante esse período de espera. No século XXI, esses papéis praticamente deixaram de existir, de modo especial os do Rei e da Rainha. A ideia de um Rei ou uma Rainha ainda pode estimular a liderança, mas felizmente podemos ver uma Rainha investida de tanto poder e prestígio quanto um Rei. Um Cavaleiro ainda pode significar força protetora, e Valetes refletem papel de serviço. Não obstante, embora o tarô tenha definido em termos históricos esses dois personagens como masculinos, as cartas podem representá-los e com frequência os representam como pertencentes a qualquer gênero.

Gênero nas cartas da corte

Podemos encontrar aspectos de nós mesmos em cada carta da corte, seja como for que nos identifiquemos em termos de gênero, poder etc. Por questão de continuidade, vou me referir às cartas levando em conta suas associações de gênero tradicionais, mas, como acontece com os Arcanos Maiores, a verdadeira natureza de cada carta da corte vai além da noção de gênero. (Os Cavaleiros e Valetes do baralho RWS são de gênero bastante ambíguo. Quem, afinal, pode dizer de fato o que há debaixo daquela pesada armadura ou das pantalonas?)

Em suas autoleituras, talvez você descubra que uma carta da corte que parece não corresponder à sua identidade de gênero surge de modo constante como um símbolo; ainda assim, ela será totalmente precisa. Esteja aberto a combinações de gênero incomuns em cartas que devem representar você mesmo. Essas cartas surpreendentes podem oferecer uma perspectiva maravilhosa. Eu me identifico como feminina, mas muitas vezes constato que o Rei de Paus simboliza minha posição em certa situação. Quando recebo um Rei ou uma Rainha em uma leitura, essa carta representa para mim meu maior potencial em qualquer dado momento. Se for uma Rainha, ela me incentiva a aproveitar as forças naturais. Se for um Rei, ele me estimula a fazer escolhas que talvez não sejam tão naturais para mim.

Não conformidade de gênero nas cartas da corte

Na história do tarô tradicional, os personagens têm identificação de gênero muito marcante, a ponto de excluir pessoas que não se identificam com um gênero binário. Leitores de tarô com não conformidade de gênero (*Gender Nonconforming* – GNC) têm-me comunicado que, com frequência, veem as cartas da corte como aspectos do eu, atribuindo qualidades diferentes a cada uma delas com base no que entendem como masculino ou feminino.[1] Um leitor GNC me disse que interpreta o Rei como sinal para ser mais direto e a Rainha como sinal para ser mais cauteloso. Outro leitor GNC mencionou que abstrai totalmente o gênero das cartas da corte, associando-as a ações e eventos. Outros referiram que rejeitam baralhos com forte conotação de gênero e adotam outros com menos ou nenhuma associação dessa natureza, como os que representam as cartas da corte com animais, símbolos fantasiosos ou mesmo apenas cores e formas. Seja como for que você se identifique pessoalmente em termos de gênero, trabalhar com baralhos com diferentes representações de gênero ou com nenhuma aumentará sua compreensão do tarô. Os exercícios apresentados mais adiante neste capítulo são elaborados para ajudar pessoas de todos os gêneros a se conectar com aspectos das cartas da corte.

Conheça o velho, mas adote o novo

Enquanto você esquadrinha o tarô por meio da autoleitura, as cartas eventualmente se manifestarão e transmitirão suas mensagens à maneira delas. No entanto, é útil conhecer algumas interpretações mais antigas. O mundo atual pode estar reavaliando os papéis e a identidade de gênero, mas o Espírito do tarô ainda carrega vários séculos de associações de gênero, de uma cultura específica, que podem parecer arcaicas, sexistas ou binárias. Isso não quer dizer que precisamos nos apegar a essas associações. Se milhares de pessoas ao longo de centenas de anos despejassem o amarelo primário em um oceano de tinta branca (imagine uma tinta sempre líquida), criariam um oceano de tinta bem amarela. Digamos, porém, que um belo dia os descendentes dessas pessoas resolvessem querer um oceano verde e começassem a despejar tinta azul nessa mistura. No fim, o oceano ficaria verde, mas ainda conservaria vestígios de amarelo por um bom tempo. Isso não significa que a tinta seja essencialmente amarela – ela está apenas reagindo ao que foi acrescentado. Continuará a reagir ao que é adicionado no futuro, até por fim resultar em um matiz forte do verde. A mesma coisa acontece com o tarô: ele não é intrinsecamente sexista ou dotado de gênero, mas nuances aparentes dessas tendências podem, por vezes, aflorar em algumas leituras. É útil entender isso ao trabalhar com as cartas, mas saiba que nós, como leitores, contribuímos com matizes do tarô para leitores futuros e com nossas associações cooperamos com o Espírito coletivo do tarô.

Significados tradicionais das cartas da corte

A lista a seguir reúne alguns significados mais tradicionais atribuídos às cartas da corte. Você terá grande proveito seguindo essas orientações. Se esses significados encontrarem eco em você, ótimo! Se não, apenas esqueça-os. Não é necessário memorizá-los.[2]

- Reis: Governantes patriarcais, masculinos. Reis são indivíduos no auge do poder e da aptidão. Representam autoridade, habilidade ou profundidade do seu naipe.
- Rainhas: Governantes matriarcais, femininas. Como os Reis, constituem a autoridade suprema do seu naipe específico. Se você está habituado às cartas de baralho ocidentais, seu instinto natural talvez o induza a situar o Rei em posição mais elevada que a Rainha. Não há nada de errado nisso. Conheço uma leitora feminista que em suas leituras atribui aos Reis mais poder que às Rainhas, isso pelo simples fato de ser também jogadora habitual de pôquer. Para muitos leitores de hoje, os Reis e as Rainhas estão em pé de igualdade em relação à autoridade e representam as sutis nuances entre energias masculinas e femininas.
- Cavaleiros: Guerreiros, buscadores, libertadores. Os cavaleiros estão em movimento e representam a "busca" de alguma coisa. Não chegaram à posição do Rei ou da Rainha, mas podem chegar a essa condição se as forças do Universo trabalharem a seu favor. Representam os que "fazem" este mundo. Também podem representar conflito, batalha e proteção.
- Valetes: Os iniciantes, os filhos da promessa. O Valete é o personagem aprendiz. Pode representar a juventude, mas também simboliza os calouros em alguma atividade ou em algo que está sendo introduzido. Pode ser ainda um Mensageiro.

Qual é o seu papel na corte?

Reveja os significados tradicionais das cartas da corte. Alguma delas impressiona você de modo especial? Valendo-se dessas associações para definir o papel mais significativo que você desempenha neste momento da vida, qual poderia ser esse papel? Você definiria seu papel geral na vida atual como Rei, Rainha, Cavaleiro ou Valete? Seja o mais honesto possível. Não se subestime, deixando-se levar pela falsa modéstia, nem se valorize demais. Essa avaliação é só para você, por isso tenha toda liberdade de ser totalmente honesto sem que outros o questionem!

Todos nós assumimos todos os papéis do tarô em algum momento. Que cartas da corte você encarnou no passado? Que cartas da corte parecem estranhas a você e ao seu papel? Existem aspectos das cartas da corte que você gostaria de assumir? De algum deles, você preferiria abster-se? Registre seus pensamentos em seu diário de tarô.

Descrição dos Arcanos Menores

As cartas da corte do tarô fazem parte dos Arcanos Menores. Como já mencionamos, os Arcanos Menores subdividem-se em quatro naipes, em geral identificados como Ouros, Espadas, Paus e Copas. Existem inúmeras variações desses naipes entre diferentes baralhos: pentáculos, discos ou moedas para Ouros; facas ou cimitarras para Espadas; bastões ou varas para Paus e cálices ou taças para Copas. Todas essas nomenclaturas são válidas, mas vou me referir a elas com os nomes mais comuns de Ouros, Espadas, Paus e Copas apenas por questão de coerência.

Antes do século XX, os Arcanos Menores eram compostos por completo de imagens descaracterizadas, semelhantes aos naipes ocidentais de diamantes, espadas, clavas e corações. No início de 1900, Pamela Colman Smith revolucionou o tarô criando cenas ilustradas por personagens para os Arcanos Menores. Waite não acreditava que as cartas dos Arcanos Menores tivessem significados iguais em poder àquelas dos Arcanos Maiores.[3] Não concordo. Embora os Arcanos Maiores certamente representem os aspectos fundamentais da jornada pessoal, os Arcanos Menores e suas cartas da corte destacam a profundidade e a beleza dos momentos cotidianos. Uma conversa breve, mas significativa, com um colega, tarde da noite, pode despertar um sentimento tão intenso na alma quanto a cerimônia de formatura. Dessa perspectiva, os Arcanos Menores são tudo, menos menores.

Os quatro naipes são associados, em geral, a quatro presenças elementais, como segue:

- Ouros – Terra
- Espadas – Ar
- Paus – Fogo
- Copas – Água

Repito, essas associações variam. Espadas ou seus equivalentes às vezes representam fogo, enquanto Paus podem representar ar. Usarei as interpretações mais comuns supramencionadas. Se seu baralho preferido oferecer associações diferentes, você pode acrescentar uma página de tradução em seu diário de tarô. Os elementais representam energias e influências. Veremos exemplos na próxima seção. As cartas da corte refletem como essas diferentes influências emergem por meio dos papéis, traços de personalidade ou experiências de uma pessoa. Nesta seção, entraremos em contato com os diferentes elementais e veremos algumas maneiras pelas quais eles se revelam por essas lentes. Também examinaremos interpretações de cartas invertidas – quando uma carta aparece de cabeça para baixo em uma leitura.

OUROS (PENTÁCULOS/MOEDAS/DISCOS)

Elemento: Terra
Significado: Trabalho, bens materiais, saúde, força, dinheiro
Reino: O corpo

Rei de Ouros

Personagem: Soberano no reino dos bens materiais, convicto de sua condição masculina. Figura paterna provendo abundância à família ou à comunidade. Patrão ou chefe. Esta carta pode não ser a mais efusiva ou romântica de todas, mas é a que propicia maior conforto material. Pessoa saudável e à vontade.

Características: Amoroso e carinhoso, mas mediante meios práticos. Sensível. Dedicado. Generoso, embora com limites. Bem de saúde.

Experiência: Síntese do bem viver. Forte nas finanças, base sólida. O barco finalmente chegando, as comodidades desejadas alcançadas. Corpo e mente vigorosos.

Invertida: Frio e contido, desprovido de generosidade e amor, pessoa que não vive a boa vida. Este Rei pode ter perdido o título – talvez o sucesso tenha inflado seu ego e, por fim, corroído seu poder. Pode ser alguém que se vangloria falsamente de seu sucesso ou sua riqueza. Toda carta invertida pode significar segredos;

assim, esta pode indicar fortuna ou talentos ocultos. Como regra geral, qualquer Rei ou Rainha invertida pode sugerir potencial muito maior que o desejado pelo consulente.

Rainha de Ouros

Personagem: Pessoa convicta de sua condição feminina, também soberana no reino dos bens materiais. Inteligência profunda. Saudável. Mãe ou figura materna, tão generosa quanto o Rei. Pessoa produtiva e bem-sucedida, talvez diretor de uma empresa ou entidade.

Características: Saúde, fertilidade, prudência com dinheiro; possivelmente alguém que coloca o dinheiro ou a praticidade acima das emoções ou do bem-estar dos outros. Afeição sem vínculos – demonstrando amor por meio de presentes. Pode extrair ou exigir mais recursos. Desejo de coisas refinadas da vida.

Experiência: Maternidade ou paternidade. Luxo, conforto, privilégio, possivelmente vivendo com meios supridos por terceiros. Sente-se bem consigo mesmo no corpo e na alma.

Invertida: Como o Rei, a Rainha de Ouros invertida pode estar retendo recursos. Talvez não tenha chegado ainda ao auge do poder. Pode estar se vendendo por pouco. Talvez poder enfraquecido. Talvez saúde comprometida. Pode ter dúvidas sobre suas capacidades.

Cavaleiro de Ouros

Personagem: O libertador – portador de oportunidades e estabilidade. Todos os Cavaleiros são fazedores e portadores, mas o Cavaleiro de Ouros é o mais consistente. Embora mais lento que os outros três, é o mais preciso de todos. Muito trabalhador, mas no seu ritmo. Tão prático a ponto de enfastiar. Pode querer testar ou provar sua força contra competidores ou contra seus limites pessoais.

Características: Age movido mais pela lógica que pela emoção, segue um plano de ação meticuloso. Gentil, metódico, focado. Alguns poderiam dizer enfadonho, mas ninguém diria preguiçoso. Alguém em busca de saúde melhor – seja por meio de remédios ou de um plano de saúde e bem-estar.

Experiência: Trabalho duro e focado. Distrações reduzidas ao mínimo, frugalidade. Atenção voltada a objetivos de longo prazo. Pouco afeito a sonhar grande, mais empenhado em planejar grande, tornando-se mais forte.

Invertida: Estagnado, talvez até preguiçoso. O cavalo simbólico pode ter-se machucado ou talvez o Cavaleiro não tenha a necessária energia para concluir a tarefa. Pode indicar um acordo falso ou a ser arquivado em definitivo. Também pode indicar revés no planejamento financeiro ou algum tipo de perda. O Cavaleiro de Ouros invertido sinaliza que algo deve mudar para poder seguir em frente.

Valete de Ouros

Personagem: Alguém novo em um emprego ou uma carreira ou que talvez tenha herdado dinheiro recentemente. Alguém aprendendo os macetes básicos ou práticos de um negócio; um exemplo atual pode ser o escriturário. O Valete de Ouros pode ser uma pessoa rica, mas com potencial enorme para se transformar em alguém bem maior. Alguém aprendendo a entender o corpo e suas necessidades e seus impulsos, como uma criança ensaiando os primeiros passos ou o uso do banheiro. Como mensageiro, o Valete tem informações úteis e práticas.

Características: Estudioso, diligente, sincero e honesto. Pode não ser perfeitamente qualificado, mas presta muita atenção. Mente aberta e disposta, corpo cheio de energia.

Experiência: Uma nova oportunidade, talvez algo que propicie retornos fantásticos. Um investimento pequeno, mas fundamental.

Invertida: Pobreza – material, emocional ou espiritual. Valetes invertidos podem indicar verdade silenciada ou pura e simples desonestidade. Sempre que surge um Valete invertido, a história precisa ser investigada mais a fundo. Pode indicar problemas de saúde mais leves, talvez aqueles que estão sendo ignorados.

ESPADAS

Elemento: Ar
Significado: Comunicação, pensamento, conflito, movimento
Reino: A mente

Rei de Espadas

Personagem: Pessoa masculina de autoridade perspicaz. Este Rei não mede palavras e não transige. Toma decisões rápidas e emite julgamentos definitivos. Sua palavra é final. Também pode ser um grande protetor, como um guarda-costas imbatível. Pensa muito, mas decide com rapidez. Exige respeito – temor, mesmo.

Características: Decidido, frio e calculista, lógico e inteligente. Sem rodeios; brusco, até. Possivelmente irritadiço, possessivo e agressivo.

Experiência: Tomada de decisões rápidas, mas firmes – geralmente de uma posição de poder sobre outros ou sobre si mesmo. Às vezes, o Rei de Espadas pode significar situações tóxicas.

Invertida: Indecisão. Abrandamento da autoridade. Pessoa ou posição fraca. Em caso de agressão ou grosseria, pode representar o culpado inconsciente de suas ações ou determinado a mantê-las em segredo. Também pode representar diminuição das defesas pessoais ou incapacidade de depender de outrem para proteção. Pode significar enfraquecimento da autoridade.

Rainha de Espadas

Personagem: Pessoa feminina de determinação perspicaz. É decidida, rápida em escolhas e julgamentos. Repele o favoritismo. O Rei e a Rainha de Espadas são os advogados e legisladores do mundo. Ambos definem e impõem as leis. Movida pela mente, a Rainha é um comunicador eloquente, possivelmente um porta-voz. Às vezes, manifesta-se como uma mulher triste ou magoada. Tanto o Rei quanto a Rainha podem indicar uma pessoa raivosa ou vingativa. Esta Rainha não é a presença calorosa e amigável associada em geral à Rainha de Ouros, mas pode ser bem-humorada.

Características: Austeridade, liderança, imposição das normas. Franqueza e imparcialidade, mas também frieza. Palavras fortes, mas sempre escolhidas com cuidado. Determinação, foco, firmeza.

Experiência: A posição incômoda de tomar decisões difíceis com lógica inquestionável e sem sentimentalismos. Suportando sacrifícios enormes pelo bem maior; estabelecendo limites, impondo regras, deixando pouco espaço para negociação.

Invertida: Leis fracas, liderança negligente. Talvez algum espaço para negociação. Uma ofensa do passado pode ser perdoada, mas jamais esquecida. Pode haver ações, pensamentos ou decisões irracionais. Pode indicar comentários maldosos pelas costas. Pode ainda representar um inimigo imaginário, inexistente na realidade. Além disso, como o Rei, a Rainha de Espadas invertida representa alguém que está sendo prejudicial sem ter consciência do mal que causa. Para nós, pode indicar um apelo à tomada de consciência em relação a palavras e ações dirigidas a outros.

Cavaleiro de Espadas

Personagem: O Cavaleiro de Espadas é o mais rápido de todos os Cavaleiros, mas nem sempre é o mais gracioso ou preciso. Às vezes, movimenta-se tão rápido que chega a perder de vista o objetivo que está tentando alcançar. No entanto, é absolutamente destemido. Pode significar uma pessoa de má índole.

Características: Alvo, foco e recusa a desistir até que o trabalho esteja concluído. Comunicação clara e direta. Possibilidade de agir antes de pensar como modo de operação-padrão. Desejo de ser herói, possivelmente um complexo de martírio.

Experiência: Este Cavaleiro pode indicar – e em geral indica – conflito. Mas também pode significar um sopro bem-vindo de ar fresco em um lugar estagnado. Pode indicar uma situação em que a pessoa é forçada a tomar uma decisão sem ter tempo de pensar em opções. Pode assinalar circunstâncias que mudam de modo rápido e drástico. Um tempo para lutar por outros sem levar em conta a si mesmo.

Invertida: Advertência a não se lançar rápido demais em uma batalha. A carta pode representar oposição recuando. Pode indicar perda de direção em projetos ou planos. Também pode ser um apelo para parar de perseguir determinado empreendimento. O Cavaleiro de Espadas incentiva a suavizar as palavras e abrandar as ações. Pode pedir uma reavaliação daquilo pelo qual estamos lutando.

Valete de Espadas

Personagem: Alguém rude, mal-humorado, possivelmente um pouco irritante, mas que não representa uma ameaça. O Valete de Espadas pode ser uma competição amistosa, mas da qual não se deve descuidar. Como os outros Valetes, o de Espadas pode ser pequeno, mas tem potencial de se transformar em algo maior. O perigo do Valete de Espadas é que nunca deve ser subestimado, o que muitas vezes acontece. Como carta mensageira, este Valete leva uma informação vital específica.

Características: Nervoso, irritadiço, possivelmente pronto para brigar por coisas fúteis. Honesto, mas pode não conhecer toda a verdade de uma situação. Gosta de escolher lados, mas seu senso de lealdade nem sempre é confiável. Rápido para apontar o óbvio. Não é particularmente diplomático.

Experiência: Palavras irritantes ou uma mensagem rápida. O Valete de Espadas é uma carta de conflito, embora de proporções reduzidas. Pode indicar um pequeno desentendimento que talvez se agrave caso não receba atenção e intenção adequadas. Pode ser um lembrete para não ignorar uma situação aparentemente trivial. Pode indicar a necessidade de tomar uma decisão de menor importância.

Invertida: O Valete de Espadas invertido pode acalmar alguns medos. Pode indicar que a sombra ameaçadora na parede é tão somente uma sombra. Pode haver desonestidade presente – seja para você, para outros ou talvez para alguém que tenha sido desonesto com você. Por fim, como qualquer carta de Espadas invertida, esta pode indicar enfraquecimento. Como uma pedrinha no sapato, algo aparentemente pequeno pode deixá-lo bastante desconfortável. Esse pode ser um sinal de alerta para que paremos e nos perguntemos se estamos realmente felizes com certos aspectos de uma situação.

PAUS

Elemento: Fogo
Significado: Criação, criatividade, sexualidade, inspiração, motivação, produção, invenção
Reino: O espírito

Rei de Paus

Personagem: Mestre da criação; masculino. Tem boas intenções, mas pode ser severo. No baralho RWS, sua vestimenta leva o símbolo do leão, podendo ter relação com o leão da astrologia, signo do fogo regido pelo sol. A carta pode simbolizar grande autoridade, como um cargo no governo ou em um conselho de diretores. Pode sugerir que ele se sente bastante bem com suas capacidades, sem maiores preocupações com os acontecimentos – seja como for, eles simplesmente acontecerão! Por outro lado, o Rei de Paus pode se tornar um pouco negligente, quando deveria levar as coisas mais a sério. Essa carta pode indicar uma pessoa interessada em um relacionamento sexual, mas não em um romance de longa duração.

Características: Corajoso e confiante, honesto e consciencioso. Carisma e charme. Postura moral forte.

Experiência: Pode indicar revitalização da química e da motivação – para um relacionamento, uma carreira ou alguma outra coisa. Uma grande oportunidade pode se apresentar, devendo ser considerada com seriedade.

Invertida: Algo pode estar incompleto. Talvez mais trabalho a ser feito. Talvez excesso de confiança. Alguém que você admira pode não ser tudo o que parece. Talvez você seja uma pessoa excessivamente confiante. Pode também representar "acomodação". Você está se subestimando? Está sendo ignorado em seu potencial pleno? Talvez a perspectiva antecipada de um relacionamento esteja ofuscando o relacionamento em si. (Esta carta pode indicar que um encontro *on-line* sofreu um revés. É possível que o resultado não tenha correspondido à expectativa?) Ela também pode representar alguém que não está totalmente comprometido com uma pessoa ou um projeto como pode parecer. Talvez você seja a pessoa que não está tão interessada quanto dá a impressão de estar.

Rainha de Paus

Personagem: Como o Rei, a Rainha de Paus é competente na profissão, seja esta qual for. Quando produzi meu baralho,[4] minha colaboradora e eu fotografamos uma artista talentosa em seu estúdio caseiro, rodeada de pinturas de uma vida inteira. Sentada regiamente, em meio às amadas criações, ela era a personificação viva da Rainha de Paus.

Características: Energia intensa – em termos criativos e sexuais. Confiança; natureza amigável. Como o

Rei, ela implica viver plenamente o espírito do fogo. Apaixonada. Rápida para irritar-se, rápida para rir. Vivaz e nem sempre focada, mas inspiradora.

Experiência: Sucesso em empreendimentos e iniciativas. Transformação de sonhos em realidade. Aventura nos setores bancário, agrícola, artístico e financeiro.

Invertida: Ao receber a Rainha de Paus invertida, é possível que você não esteja sentindo toda sua sensualidade. Talvez não esteja exibindo suas cores mais atraentes. Pode ter reduzido seu potencial criativo. O zelo pelo trabalho pode ter diminuído. Como o Rei invertido, a Rainha invertida pode indicar algo incompleto. Também estimula a acreditar menos na lisonja. Nessa posição, tanto o Rei como a Rainha de Paus podem indicar perda de confiança.

Cavaleiro de Paus

Personagem: Pessoa jovem ou de espírito jovem. Alguém novo na cidade ou que provavelmente não permanecerá por muito tempo, uma vez que este Cavaleiro, em geral, precede uma transição. Como o Cavaleiro de Espadas, o de Paus é ágil. Movimenta-se com pressa, mas nem sempre com precisão. Capaz de criar conflito ou rivalidade, talvez por atrair muitos pretendentes e provocar inveja.

Características: Excitação, paixão. Necessidade de movimentar-se sem rumo e destino. Potencialmente bagunceiro, do tipo aluno "palhaço" em sala de aula. Sentimentos gerais de agitação, talvez disposto a perturbar o *status quo*.

Experiência: Súbito raio de inspiração. Tempo para perseguir um sonho específico. Cavaleiros muitas vezes indicam viagens. Este sugere uma jornada espontânea, talvez uma peregrinação ou um retiro criativo. O Cavaleiro de Paus pode indicar uma tempestade inesperada de paixão.

Invertida: Falta de confiança. Diminuição do interesse por um projeto. Química apagando-se em um relacionamento. Pode indicar que alguém não está assumindo suas responsabilidades. O aspecto positivo em relação ao Cavaleiro de Paus invertido, ou a qualquer Cavaleiro invertido, é que ele não representa um obstáculo intransponível. Pode reavivar sua paixão com o foco e a determinação adequados.

Valete de Paus

Personagem: Uma criança ou um personagem infantil. Alguém com ideia formada apenas em parte, mas com potencial para expandir-se. Alguém com queda por outra pessoa. Alguém com algum talento, mas pouco treinamento. Este Valete representa um mensageiro interno, incentivando a dar atenção a ideias que passam pela cabeça do consulente.

Características: Qualidades emergentes do eu. Apoio a outras pessoas. Positividade. Entusiasmo.

Experiência: Sendo Paus o naipe da criação, o Valete de Paus é uma tela ou um documento em branco, o início de algo potencialmente grande. Pode indicar uma química latente entre você e outra pessoa. Como soprar um pedaço de carvão aceso, a promessa de chamas maiores está presente, mas pode precisar de um pouco de estímulo. Pode indicar uma declaração.

Invertida: Sugestão para abordar um projeto ou uma situação sob nova perspectiva, em especial se você estiver se sentindo travado. Pode significar falta de honestidade em relação a capacidades verdadeiras. Outros podem não se impressionar tanto com você ou com seu trabalho quanto você acreditava até o momento. No amor, é possível que esteja confundindo atenção fugaz com interesse mais profundo – uma centelha extinta antes mesmo de acender. Este Valete invertido pode representar outra pessoa com pouco a acrescentar à sua vida. Pode significar más notícias.

COPAS

Elemento: Água
Significado: Emoções, relacionamentos, família, ancestralidade, herança
Reino: O coração

Rei de Copas

Personagem: Uma pessoa do gênero masculino pronta a assumir um compromisso, a paternidade ou uma responsabilidade. Pessoa honesta. Reis de Copas são filósofos, idealistas e professores. Aonde quer que ele vá, quem o conduz é o coração. Provavelmente já sofreu com a ruptura de um relacionamento e sabe conservar o amor verdadeiro quando o encontra. É alguém pronto para um compromisso – seja um relacionamento, um empreendimento ou uma vocação.

Características: Em contato com as emoções, maturidade. Coração aberto e disponível. Pronto para ir a fundo, sem medo do desconhecido. Disposto e preparado para o amor. Excêntrico, filosófico, idealista, dramático.

Experiência: Apaixonando-se, assumindo um compromisso. Atendendo a um chamado vocacional. Uma oportunidade ligada aos desejos verdadeiros. Algo realmente gratificante.

Invertida: Carência por causa de investimento sem retorno, depressão, futilidade. Pode representar sentimentos reprimidos ou secretos. Caso represente você, pode sugerir tendência a fugir da responsabilidade ou do compromisso. Se representar outra pessoa, esta pode ser menos comprometida do que se poderia esperar.

Rainha de Copas

Personagem: Pessoa do gênero feminino pronta para o amor ou um compromisso. Seu coração é firme e forte. É parceira disposta, mãe amorosa e, como o Rei, dedica-se ao que ama. Em geral, está a serviço dos outros. Receber a Rainha de Copas pode significar que você encontrou a verdadeira vocação. Pode-se associar a Rainha de Copas à fama ou à notoriedade – para o bem ou para o mal!

Características: Justiça, honestidade, bondade e devoção. Cuidado e atenção, para si ou para outrem. Inteligência amorosa e sabedoria prática. Intuição aguçada e habilidade psíquica.

Experiência: Conquistando a obediência dos outros, em especial a dos membros mais jovens da família. Casando-se e/ou vivendo a experiência da maternidade. Premonições psíquicas.

Invertida: Sensação de que algo "não está certo". As cartas femininas são, em geral, associadas a impulsos intuitivos, e assim uma carta invertida pode indicar uma advertência a prestar atenção a sentimentos um tanto negligenciados. Se alguma coisa parece não estar bem, a Rainha de Copas invertida sugere prestar atenção a essa sensação. Como o Rei de Copas invertido, a Rainha da Água invertida pode sugerir depressão ou sentimentos reprimidos. Pode significar falta de honestidade, em relação a si mesmo ou a terceiros. Por fim, pode sugerir falta de interesse romântico ou emocional ou que segredos não lhe estão sendo revelados. Também pode significar notoriedade ou crueldade.

Cavaleiro de Copas

Personagem: Grande buscador do amor. Este Cavaleiro carrega o coração nas mãos, ao mesmo tempo oferecendo-o e seguindo-o, e sempre buscando. Pode ser uma busca romântica, vocacional ou de outra natureza. No entanto, embora tenha grande coração, nem sempre é cuidadoso. Às vezes a emoção se sobrepõe à lógica ou ele se envolve tanto com o desejo a ponto de não parar para refletir e decidir se só deseja por desejar ou não. Ainda assim, é um buscador habilidoso. No fim, encontrará o que está procurando. Esta carta também pode sugerir um viajante ou comerciante.

Características: Devoção, magnetismo. Idealismo. Indulgente em fantasia. Um pouco insatisfeito. Possivelmente solitário.

Experiência: O Cavaleiro de Copas não se entrega à batalha, mas se empenha em concluir uma busca, em especial a do amor. Essa busca pode ser o encontro de um novo amor, o reencontro com um amor antigo ou talvez a busca de amizades. Também pode significar a busca de perdão. Parte da jornada do Cavaleiro consiste em aprender a compartilhar e a se relacionar com outras pessoas. Este Cavaleiro está associado à busca do Santo Graal – empreendendo uma jornada para descobrir os grandes mistérios do Espírito.

Invertida: Abandono de uma busca. Falta de entusiasmo. Falta de esperança. A hora errada de procurar o amor. Outras pessoas não são francas com os verdadeiros sentimentos dele sobre uma situação. Alguém que pode não estar tão interessado em você quanto diz estar. Significados mais sinistros podem incluir mentiras, difamação, fraude ou chantagem.

Valete de Copas

Personagem: Representa um coração jovial. Uma pessoa pura e honesta que dá sem interferências do ego ou sem alimentar expectativas. Quer fazer o bem, mas pode ser um pouco ingênuo. Como mensageiro, o Valete oferece verdade e honestidade. Por causa da associação com a água, pode ser uma mensagem de amor. Este Valete pode ser um estudante.

Características: Amigo generoso; mente democrática. Simpatia e empatia. Tendência a agradar e a fazer com que coisas ou certas pessoas pareçam melhores do que realmente são. Abertura e curiosidade sobre sexo. Focado e estudioso.

Experiência: Trabalho, aplicação, reflexão, observação. Assumindo um novo emprego ou uma nova ocupação. Usando palavras encorajadoras para animar outras pessoas. Compromisso, possivelmente um pedido de casamento. Sedução. Pode também representar a volta a um coração infantil ou o encontro de uma pessoa que podemos amar como se nunca tivéssemos sido magoados. Um momento Valete de Copas pode ser uma criança desenhando para a mãe ou a primeira vez que duas pessoas, recém-apaixonadas, se dão as mãos. Sabe-se que representa o nascimento de algo – uma criança ou um relacionamento.

Invertida: Falso início de relacionamento. Comunicação truncada. Sinal para se empenhar em melhorar a comunicação com terceiros. Sugestão para reaproximar-se de pessoas que você não vê há algum tempo. Se você esteve investindo muito tempo ou energia emocional em outras pessoas, esta carta pode ser uma sugestão para arrefecer um pouco, pois essa energia pode não ter retorno.

As cartas da corte em sua vida

Lendo essas descrições, você já deve ter associado alguns desses personagens a pessoas que conhece, a papéis que você exerce ou a certos aspectos de si mesmo. À semelhança do que acontece com os Arcanos Maiores, vamos nos deparar com todos esses indivíduos e exercermos todos esses papéis em algum momento da vida.

Nossos personagens pessoais da corte

Reflita sobre sua jornada e faça anotações no diário, se for proveitoso. Se você fosse escrever um roteiro de sua vida até o momento, passado e presente, quem seriam os personagens principais? Em vez de relacionar os nomes, liste o papel que desempenham ou já desempenharam em sua vida. Por exemplo, se teve um namorado chamado William, em vez de escrever "William", escreva "O Namorado" ou "O Amante". Lembre-se de sempre escolher papéis de sua vida atual e do passado, incluindo experiências positivas e negativas. Pedi a Julie, com pouca experiência com o tarô, que tentasse fazer o exercício.

A lista de Julie é:

A Mãe	O Professor
O Irmão	O Trapaceiro
O Pai	O Cônjuge
O Primo	A Criança
O Amigo	O Empregador
O Cuidador	O Líder
O Amante	O Padrinho
O Inimigo	O Assistente ou Ajudante

Em seguida, separe do baralho as dezesseis cartas da corte e estude-as. Com base nas imagens delas, quais você associaria a essas funções? Se a Rainha de Espadas lhe parecer muito severa, talvez possa associá-la a um empregador rigoroso. Se o Rei de Paus lhe parecer um personagem alegre, talvez o relacione a um amigo inquieto. Deixe a imaginação estabelecer as relações mais importantes. Se você "emperrar", recorra às descrições da seção anterior, caso lhe sejam úteis, mas procure formar associações naturais mesmo que não reflitam interpretações tradicionais. Faça anotações dessas associações ao lado de sua lista.

As associações de Julie foram:

> A Mãe: Valete de Espadas
> O Irmão: Valete de Paus
> O Pai: Rei de Copas
> O Primo: Rei de Ouros
> O Amigo: Cavaleiro de Paus
> O Cuidador: Cavaleiro de Espadas
> O Amante: Rainha de Paus
> O Inimigo: Rei de Espadas
> O Professor: Rainha de Espadas
> O Trapaceiro: Valete de Ouros
> O Cônjuge: Rainha de Copas
> A Criança: Cavaleiro de Copas
> O Empregador: Cavaleiro de Ouros
> O Líder: Rainha de Ouros
> O Padrinho: Rei de Paus
> O Assistente ou Ajudante: Valete de Copas

Julie estabeleceu algumas dessas relações com facilidade. Escolheu a Rainha de Copas – a mulher sentada, serena, "segurando um vaso de amor" – para representar sua esposa. Escolheu o Cavaleiro de Copas para representar o filho dela e da esposa, pois "ele é bem igual à outra mãe – cheio de amor e sempre querendo compartilhá-lo", diz Julie. O primo de Julie é do sexo masculino e muito rico, e assim o

Rei de Ouros lhe pareceu uma escolha natural. Embora sua madrinha no programa de doze passos seja uma mulher, Julie escolheu o Rei de Paus porque, em seu baralho preferido, esse Rei tem o olhar profundamente concentrado.

As associações mais incomuns talvez sejam o Valete de Ouros como o Trapaceiro e o Valete de Espadas como a Mãe. Um ano antes de fazer esse exercício, a carteira de identidade de Julie fora furtada. Em seu baralho, o Valete de Ouros parece pouco se importar com o pentáculo que segura na mão, lembrando-a de que o ladrão não deu a mínima importância ao impacto que seu ato produziria na vida dela. Ela escolheu o Valete de Espadas para a mãe porque a mãe dela morrera muito jovem. Julie não tinha idade suficiente para se lembrar da mãe, mas a família se lembrava dela como mal-humorada e obstinada, traços que Julie via no Valete de Espadas.

Adapte esse exercício à sua situação. Há mais de dezesseis pessoas que você gostaria de elencar? Fique com as dezesseis para começar; depois, se desejar, volte e complemente.[5]

Prática adicional para definir as cartas da corte

Primeira parte
A corte do passado

Relacione dezesseis pessoas do seu passado. Se quiser, inclua pessoas do exercício anterior. Para este exercício, é preferível recorrer ao passado mais remoto, não ao mais recente, o que favorece uma perspectiva mais clara. Descreva brevemente o que essas pessoas significaram para você.

Por brevidade, relaciono apenas cinco dos meus dezesseis personagens:

1. Adam, ex-namorado – Adam era uma pessoa legal, e fui louca por ele durante algum tempo, mas ele não estava emocionalmente preparado para um compromisso mais permanente. Terminamos o relacionamento por esse motivo, o que me deixou bastante triste. Ainda bem que não continuamos, pois hoje vejo que não seríamos os melhores parceiros um do outro. Evitamos muito aborrecimento terminando tudo no momento adequado.

2. Alice, antiga empregadora – Alice foi minha empregadora e orientadora. Era firme, determinada e muitas vezes se referia à sala de reuniões como "a sala de guerra". Era conhecida pelas habilidades astuciosas de captar recursos.

3. Nora, amiga da faculdade – Nora era muito divertida, mas acabei me afastando dela por vários motivos.

4. Carl, ex-colega de quarto e meu primeiro colega de residência depois da faculdade – Ele adorava mulheres (em geral, uma garota diferente chegava em casa com ele todas as noites), mas se esforçava muito para encontrar alguma que fosse permanente. Apesar do grande desejo e empenho, nunca conseguiu se relacionar com seus flertes além de um nível superficial.

5. Amanda, antiga vizinha – Amanda morava no apartamento em frente àquele em que meu marido e eu residíamos e sempre dizia ser feliz solteira. Era agente penitenciária e se orgulhava de trabalhar no que chamava de "mundo do homem".

Depois de fazer uma breve descrição das dezesseis pessoas do seu passado, tire *aleatoriamente* uma carta da corte para cada uma dessas pessoas. Com este exercício, e tomando pessoas do passado como exemplos, o tarô está lhe dizendo o que suas cartas da corte simbolizam. Enquanto o último exercício lhe propôs escolher deliberadamente cartas para associá-las a pessoas, neste você vai tirar uma carta da corte aleatória para cada pessoa relacionada.

Neste exercício, você trabalhará com cartas nas posições normal e invertida. Quer a carta apareça na posição normal ou invertida, considere-a um símbolo próprio da pessoa para quem você a deita. Digamos, por exemplo, que você tire o Valete de Paus para representar um amigo de infância e a Rainha de Espadas invertida para representar um antigo professor. Se seu amigo de infância era espirituoso e leal, talvez o Valete de Paus represente uma pessoa ousada ou fiel. Se seu professor era rigoroso, a Rainha de Espadas invertida pode significar uma pessoa particularmente rígida ou de regras estritas. Em seguida, registre o significado que o contrário dessas cartas pode ter. Se o Valete de Paus agora representa vivacidade e lealdade para você, invertido ele pode significar marasmo ou deslealdade. Da mesma forma, uma Rainha de Espadas em posição normal pode significar regras frouxas. A última definição certamente diverge de significados mais tradicionais, mas esse é um dos aspectos atraentes relacionados às autoleituras – desenvolvemos uma linguagem pessoal e peculiar com o tarô. De modo especial, se não está familiarizado ou não se sente à vontade com cartas invertidas, esse procedimento ajudará você a aprofundar-se nelas. Exemplos de ambas as situações estão a seguir.

Veja o que as cartas tinham a dizer sobre minha lista:

1. Adam: Valete de Copas – como mencionei, Adam era uma pessoa legal, e certamente havia afeição entre nós. Mas o momento não era oportuno para um relacionamento. Tomando Adam como exemplo, nas minhas leituras o Valete de Copas indica boa vontade, generosidade, potencial, mas talvez momento inadequado e falta de compromisso. Um Valete de Copas

invertido indica que devo dar o próximo passo. Pode também significar uma pessoa rude ou de má vontade.

2. Alice: Cavaleiro de Ouros – receber o Cavaleiro de Ouros pode sugerir determinação, possivelmente algum tipo de batalha e talvez sucesso em ganhar ou conseguir dinheiro. Todos esses são aspectos que associo a Alice. Se a carta aparecesse invertida, poderia significar falta de energia ou presságio de fracasso.

3. Nora: Cavaleiro de Espadas invertido – lembrando que tive algumas experiências decepcionantes com Nora, o Valete de Espadas invertido indicaria uma situação frustrante ou desconfortável. Por isso, na posição normal, o Valete de Espadas pode significar uma situação estimulante, circunstâncias confortáveis e amizade calorosa.

4. Carl: Rainha de Espadas invertida – o amor de Carl pelas mulheres, mas sua incapacidade de se relacionar com elas, sugere que, se eu receber a Rainha de Espadas invertida, um desejo pode ser verdadeiro, mas sua realização pode ser um problema. Pensando na dificuldade de Carl em se comunicar, a carta pode sugerir comunicação inadequada. Com isso em mente, a Rainha de Espadas normal pode significar grande conexão com um desejo, sucesso e comunicação clara.

5. Amanda: Rei de Espadas – pensando na independência e na autossuficiência de Amanda, receber o Rei de Espadas em minhas leituras pode sugerir uma pessoa independente, autossuficiente, ou a necessidade de inserir essas qualidades em determinada situação. Também pode sugerir alguém que desafia os papéis normalmente atribuídos ao seu gênero ou à sua educação. O Rei de Espadas invertido pode significar codependência, insegurança e medo ou indisposição de sair da zona de conforto.

Essas são associações que fiz para mim mesma para adotar em minhas autoleituras. Suas associações podem ser diferentes, mas o objetivo é exatamente esse! Descobrir as próprias associações é um componente essencial da autoleitura.

Faça esse exercício para as dezesseis pessoas relacionadas ao seu passado.

Segunda parte
A corte atual

Ao terminar, recolha as cartas e, em nova folha de papel, nomeie dezesseis pessoas de suas relações atuais. Como no primeiro exercício, faça algumas anotações sobre o significado dessas pessoas para você. Ao final, tire aleatoriamente uma carta da corte para cada uma delas. Anote as conclusões a respeito do significado da carta, como feito no primeiro exercício.

Incluí a seguir cinco pessoas da lista das dezesseis que fazem parte da minha vida atual, com as correspondentes cartas de tarô tiradas aleatoriamente para elas. Não relaciono todas as dezesseis apenas por questão de espaço. Você pode trabalhar com as dezesseis ao fazer o exercício para si mesmo. Reforçando: tire aleatoriamente uma carta da corte para cada pessoa da lista.

1. Brandon, amigo: Valete de Copas – Brandon é uma alma extraordinariamente gentil. É generoso, paciente, tem inclinação artística. Neste caso, o Valete de Copas pode significar generosidade, paciência, natureza sensível e inspiração artística. Um Valete de Copas invertido pode significar crueldade ou insolência e, talvez, bloqueio da criatividade.

2. Roxanne, amiga: Cavaleiro de Ouros – Roxanne é uma pessoa amigável e confiável, então posso presumir que o aparecimento do Cavaleiro de Ouros significa exatamente isso. Enquanto escrevo estas palavras, Roxanne está procurando um novo emprego. Talvez o Cavaleiro de Ouros em minhas leituras também signifique novas oportunidades de trabalho. Invertida, a carta pode significar alguém hostil e não confiável. Também pode significar falta de oportunidade ou conselho a não mudar de emprego.

3. Lilah, conhecida: Valete de Espadas invertido – Lilah é confiável como Roxanne, mas intensamente centrada em si mesma, sendo difícil dizer o que ela pensa. Por isso, em minhas leituras, o Valete de Espadas invertido pode significar privacidade ou atitude de guardar os motivos para si mesma. Na posição normal, a carta talvez signifique franqueza, objetividade. (Observe que duas pessoas bem diferentes receberam o Valete de Espadas invertido. Vou abordar essa questão na próxima seção.)

4. Barbara, colega de trabalho: Rainha de Espadas – Barbara é o tipo de mulher a que alguns poderiam se referir como liberada. Ocupa posição de destaque na empresa e se empenha em sempre levar ideias dinâmicas às reuniões. Desafia as normas. Se Barbara é a Rainha de Espadas, a Rainha de Espadas é alguém, possivelmente uma mulher, que impõe autoridade e gosta de questionar "a maneira como as coisas sempre foram feitas". Com isso em mente, a Rainha de Espadas invertida pode significar disposição para seguir o fluxo e talvez não impor autoridade.

5. Tyler, vizinho: Rei de Espadas – Tyler é simpático e gosta de iniciar uma conversa, mas meu marido e eu muitas vezes o ouvimos gritar ao telefone, dadas as paredes pouco espessas

do nosso prédio. Felizmente mantemos boas relações com ele e não queremos ser alvo do seu lado irritadiço. O Rei de Espadas pode significar um grande aliado, mas um inimigo terrível. Invertido, pode significar que alguém não é tão aliado assim nem um inimigo tão terrível.

Terceira parte
Criação do código de personagem da carta da corte

Nesta parte do exercício, você pode perceber que algumas das cartas da corte representam indivíduos do seu passado ou presente. Por exemplo, se eu tirasse o Valete de Copas em uma leitura, este poderia representar Brandon especificamente ou uma situação que o envolvesse. Nem sempre é isso que acontece, porém. Com mais frequência, as leituras refletirão as associações que você fez no exercício anterior, não indivíduos específicos. No meu caso, o Valete de Copas, com maior probabilidade, representará a generosidade, a paciência, a natureza sensível e a inspiração artística que associo a Brandon, mas não especificamente o próprio Brandon.

Reveja as anotações que você fez sobre cada uma das dezesseis cartas da corte tanto na primeira como na segunda parte. Você poderá descobrir que algumas contradizem outras, mas várias apresentarão fortes semelhanças. Há duas maneiras de criar seu código de personagem da carta da corte.

Primeira: você pode observar as duas pessoas associadas a cada carta e refletir sobre o que elas têm em comum. Por exemplo, tirei o Rei de Espadas tanto para nossa vizinha antiga, Amanda, quanto para nosso vizinho atual, Tyler. O que ambos têm em comum? Amanda é firme, mas gentil. Tyler é firme, mas rude. Ambos são respeitados em suas carreiras. Para mim, um Rei de Espadas em minhas leituras significa personalidade firme, respeito e capacidade em uma linha de trabalho. Como a carta foi tirada para dois vizinhos, também posso ver o Rei de Espadas como uma carta que representa um vizinho!

A outra opção é apenas combinar todas as características de ambas as pessoas. Para o meu código de personagem para o Rei de Espadas, relacionaria poderoso, assustador em potencial, útil nas circunstâncias apropriadas e desafiando todos os papéis (em particular os de gênero), prestativo, habilidoso, brusco, bondoso. Alguns desses podem parecer contraditórios, mas os diferentes significados potenciais possibilitam interpretações flexíveis nas leituras.

Tente uma ou ambas as abordagens. Todas as anotações e observações ajudarão a informar você a respeito do código pessoal para cada uma das cartas da corte.

Na sequência, você vai encontrar uma seleção do exercício que realizei. Preferi usar todas as associações que compilei, mas desconsiderei as que pareciam muito extremas nas contradições.

1. Valete de Copas: Gentileza e disposição de outra pessoa, mas possivelmente alguém ainda despreparado para se comprometer por completo com uma ideia, um empreendimento ou um relacionamento. Uma alma gentil e generosa, talvez com um toque de imaturidade. Alguém ou alguma coisa que me lembra Adam ou Brandon. Inspiração artística. *Invertida*: Alguém ou algo está pronto para a próxima etapa, mesmo que passe impressão contrária. Pode também indicar alguém ou algo que está sendo indelicado ou pouco disposto. Talvez bloqueio criativo.

2. Cavaleiro de Ouros: Uma batalha, mas de empreendimento, não de conflito. Determinação, talvez sucesso em ganhar dinheiro. Possivelmente uma nova oportunidade de trabalho. Alguém ou algo que me lembra Alice ou Roxanne. *Invertida*:

Letargia, fracasso, mau sinal para o trabalho ou um projeto. Não é um bom momento para procurar novas oportunidades.

3. Rainha de Espadas: Respeito, em especial pelas mulheres. Perseguindo desejos e alcançando objetivos. Liderança e autoridade, desafiando o *status quo*. Alguém ou alguma coisa que me lembra pessoas fortes em minha vida, como Barbara. *Invertida*: Desconexão forte; incapacidade de alcançar um objetivo. Alguém ou algo que me lembra Carl.

4. Rei de Espadas: Independência, autossuficiência, situação não natural para mim, mas na qual posso, de algum modo, prosperar. Uma pessoa ou situação amigável que pode ser dura – melhor um amigo que um inimigo, como meu vizinho, Tyler. *Invertida*: Codependência, insegurança, sinal de que algo não está adequado.

Lembrete: Essas interpretações são minhas e têm como objetivo servir de exemplos didáticos, não de instruções para interpretação. Se ajudarem você a desenvolver as próprias interpretações, maravilha! Meus alunos em geral aprendem com as interpretações uns dos outros. Suas associações com essas cartas provavelmente serão diferentes. Minhas associações não pretendem de modo nenhum superar as suas.

As dezesseis máscaras – as cartas da corte como papéis que desempenhamos

Este próximo exercício examinará como as cartas da corte podem iluminar aspectos específicos de você mesmo, em particular o do seu relacionamento com outras pessoas. Nosso eu é fluido, e nossos papéis em relação aos outros sofrem alterações. Recomendo a realização deste exercício para entender melhor a dinâmica das cartas e para examinar a si mesmo, talvez como parte de uma leitura anual de crescimento.

Este exercício é proveitoso em especial para elaborar uma linguagem com as cartas da corte do seu baralho de tarô. Você pode descobrir que algumas cartas correspondem exatamente ao que descobriu nos exercícios anteriores. Algumas podem ser diferentes – por completo, inclusive. Lembre-se: Registre tudo, pois nunca se sabe quando mesmo entendimentos, ao que parece, contraditórios das cartas serão absolutamente precisos em uma leitura futura.

Para esta primeira parte do exercício, escreva os pensamentos sobre seus papéis nos exemplos a seguir. Por exemplo, para seu papel entre os amigos, talvez você possa escrever "torcedora, líder de torcida, organizadora de excursões em grupo" ou "confidente, confortadora, incentivadora". Alguns podem exigir uma reflexão mais aprofundada, como descrever suas relações com estranhos. Estranhos me abordam com frequência pedindo informações sobre linhas e direções do metrô, então, para esta seção, escrevi "um guia". Algumas questões são mais abstratas, como seu papel em relação à autoridade, por exemplo. Talvez você conteste a autoridade. Talvez a apoie. Que tipo de papel de autoridade você exerce?

Defina seu papel nestes relacionamentos:

1. Amigos.
2. Parceiros românticos.
3. Conhecidos.
4. Estranhos.
5. Como pai/mãe (ou padrinho, tia/tio etc.).
6. Como criança, em relação aos pais biológicos ou adotivos.
7. Família estendida.
8. Comunidade local.

9. Vizinhos.
10. Legado – patronato ancestral ou herdado, como ancestrais biológicos ou adotivos, ou mesmo antepassados daqueles que exerceram a mesma atividade que você desempenha hoje. (Como leitor de tarô, todos os leitores de tarô do passado são seus ancestrais!)
11. Trabalho – seu papel com aqueles com quem interage no emprego, voluntariado, atendimento em tempo integral a crianças ou idosos ou realização de tarefas escolares em grupo, caso seja estudante. Se você está atualmente aposentado ou desempregado, pense sobre seu papel ou seus papéis exercidos quando estava empregado.
12. Em relação a figuras de autoridade.
13. Como você mesmo sendo uma figura de autoridade.
14. Autocuidado – quão gentil você é consigo mesmo?
15. Como um obstáculo a si mesmo – como você se reprime?
16. Sua saúde – e seu papel na manutenção dela.

Depois de fazer anotações sobre cada carta, retire as dezesseis cartas da corte e embaralhe-as. Tire ao acaso uma carta da corte para cada um dos dezesseis papéis e faça anotações. Como o último exercício, este também tem o objetivo de ajudá-lo a explorar novos significados da corte do tarô. Não se apegue demais a associações já feitas com as cartas da corte. Permaneça aberto a interpretações aparentemente contraditórias, pois estas acabarão aprofundando sua compreensão geral dessa faceta do tarô.

Quando fiz este exercício, algumas cartas não me surpreenderam. Recebi a Rainha de Copas para a Carta 2, meu papel em minhas parcerias românticas. Muitas vezes vejo a Rainha de Copas como uma parceira dedicada, e meu relacionamento com meu marido é prioridade.

Esse par certamente fazia sentido. Também não fiquei surpresa em receber o Valete de Paus como Carta 7, representando meu papel em minha família estendida. No baralho RWS, o Valete de Paus parece ser um tipo curioso, e, examinando atentamente essa imagem, não estamos de todo seguros de suas motivações. Com frequência, imagino minha família estendida me vendo como alguém que eles não entendem muito bem, mas mesmo assim me amam. Em minhas leituras, o Valete de Paus poderia ser a carta do "primo boêmio"!

Fiquei surpresa ao receber o Rei de Espadas como Carta 8, meu papel na comunidade local. Normalmente considero o Rei de Espadas uma carta violenta, mas me vejo como uma pessoa amigável e acessível em minha comunidade – a senhora que indica direções no metrô. Além disso, tenho grande responsabilidade sendo uma sacerdotisa pública e ativista. No último exercício, vi o Rei de Espadas como independente e autossuficiente, mas também representando algo talvez não natural para a natureza de alguém. Ser uma presença pública não é algo natural para mim, mas algo que desenvolvi aos poucos ao longo dos anos. Com base nessas duas interpretações, o Rei de Espadas pode ser um sinal em minhas leituras de que até mesmo algo não natural pode eventualmente vir a sê-lo, para benefício meu e dos outros.[6]

Além do padrão de gênero binário na leitura das cartas da corte

Uma das desvantagens de trabalhar com baralhos mais tradicionais é que quase todos eles se restringem a dois gêneros: masculino e feminino. Essa visão limitada prevalece em especial nas cartas da corte. Blaze, um leitor de tarô, propôs uma alternativa ao adotar uma identidade de gênero não binária na leitura dessas cartas. Blaze se identifica como homem e mulher, às vezes sentindo-se pertencer mais a um gênero binário que a outro. Em vez de "ele" ou "ela", usa pronomes indicativos de *pessoa* (*person*), mantendo uma condição de neutralidade: *per/perself*.

Blaze realizou o exercício anterior, detalhado a seguir. Não usa cartas invertidas em leituras *per*, de modo que não existem possíveis significados inversos neste exemplo.

Leitura de Blaze (com o baralho RWS)

1. Amigos: Valete de Paus – Blaze tem algumas amizades muito próximas e *per* ["ele/ela", Blaze] considera os amigos uma família. Para Blaze, o destaque no Valete de Paus é o bastão. *Per* observou como o bastão, na carta, está próximo do rosto do Valete. Blaze sugeriu que para *perself* [ele/ela mesmo(a)/si mesmo(a), Blaze] o Valete de Paus representa foco intenso e relacionamentos íntimos.

2. Parceiros românticos: Rei de Ouros – Blaze não é nenhum entusiasta do Rei de Ouros por causa de sua "energia animal". Blaze é assexuado e não tem relações sexuais com pessoas, mas gostaria de ter um relacionamento romântico. Devido ao desconforto com o Rei de Ouros e a total falta de experiências de relacionamento, Blaze vê essa carta como perturbadora ou indicativa de falta de familiaridade, de modo particular com outras pessoas.

3. Conhecidos: Valete de Espadas – a maioria dos conhecidos de Blaze faz parte de grupos ativistas, onde trabalham juntos em prol de objetivos comuns. Pensando nisso, Blaze vê o Valete de Espadas como uma carta de ação e colaboração orientadas a uma meta.

4. Estranhos: Rainha de Ouros – para quem desconhece a identidade de gênero *per*, Blaze aparenta ser mulher. Observou que

a Rainha de Ouros também se revela muito feminina. Para Blaze, receber a Rainha de Ouros em leituras *per* é sinal de que as coisas podem não ser o que parecem e uma mensagem para prestar mais atenção, possivelmente dedicando mais tempo a conhecer melhor algo ou alguém.

5. Como pai/mãe: Cavaleiro de Paus – Blaze tem uma relação indireta com pessoas mais jovens, em geral por intermédio da mãe *per*, que trabalha com crianças. Blaze, às vezes, ajuda a mãe *per*, e assim a relação *per* como pai/mãe é mais distante e impessoal, mas ainda proveitosa. Observando o ambiente árido e o olhar distante do Cavaleiro de Paus, Blaze entende que essa carta significa ajudar ou trabalhar com outras pessoas de modo indireto – possivelmente por meio da educação.

6. Como criança: Rainha de Espadas – "Ela significa assunto sério!", disse Blaze. Blaze não tem contato com o pai *per* e quase sempre se desentende com a mãe *per*, entretanto o amor que sentem um pelo outro é forte. Sabendo disso, ao receber a Rainha de Espadas, Blaze espera uma divergência ou um confronto amigáveis com uma pessoa querida.

7. Família estendida: Rei de Copas – a família estendida de Blaze não é numerosa. Os avós *per* faleceram, e Blaze considerou muito importante conhecer a história deles. O Rei de Copas traz à sua lembrança a avó paterna *per*, que era geniosa, mas afável. Blaze sentiu um quê de sedução no Rei de Copas – *per* se sente atraído por ele do mesmo modo que *per* é atraído pela história familiar *per*. Para Blaze, o Rei de Copas representa curiosidade, atração e apelo.

8. Comunidade local: Rainha de Copas – Blaze se sentiu "entediado" com essa carta. Não sabe ao certo o que significa um papel *per* em uma comunidade *per*. Para Blaze, a Rainha de Copas pode ser uma carta de incerteza. Se Blaze recebesse a

Rainha de Copas em uma leitura, ela poderia significar que a situação não envolve benefício, desafio ou resultado claros.

9. Vizinhos: Cavaleiro de Ouros – Blaze recebeu esta carta com um gemido. "O Cavaleiro parece mau!", disse *per*. Blaze não interage com os vizinhos *per*. Admitiu ser difícil para *per* ser amistoso. Preocupa-se com o julgamento dos outros sobre o estilo de vida e a identidade de gênero de *per*. Para Blaze, o Cavaleiro de Ouros pode ser uma carta de crítica, em especial de autocrítica.

10. Legado: Rei de Espadas – como mencionado, Blaze atua regularmente como ativista, mas em geral em um papel de apoio. No entanto, o Rei de Espadas pareceu a Blaze mais uma figura de autoridade, sugerindo-lhe que talvez apoio *per* contribua mais que execução *per*. Para Blaze, o Rei de Espadas pode ser sinal de que coisas aparentemente pequenas podem causar impacto prolongado. Também pode ser um sinal que estimula Blaze a dar mais crédito *perself*.

11. Trabalho: Cavaleiro de Espadas – embora Blaze seja normalmente autônomo, o ativismo *per* requer muita colaboração. É muito importante para Blaze que as pessoas se sintam seguras em qualquer espaço em que se encontrem. Embora não costume se considerar alguém que enfrenta as coisas de maneira direta, Blaze acha importante acorrer à defesa de alguém quando necessário. O Cavaleiro de Espadas, para Blaze, é uma carta de força e poder, representando uma pessoa que está pronta a assumir qualquer desafio que se apresente. Blaze vê essa carta como sinal para agir em nome da coragem e da proteção a outros, mesmo que o confronto pareça assustador.

12. Em relação a figuras de autoridade: Cavaleiro de Copas – para Blaze, o trabalho de um Cavaleiro consiste em partir em missões e defender o reino, retornando com histórias e riquezas.

Per notou a diferença entre o Cavaleiro de Copas e o Cavaleiro de Espadas. "O Cavaleiro de Espadas parece mais ativo. O de Copas parece estar aí apenas para se mostrar." A respeito do trabalho *per*, Blaze assim se expressa: "Não estou aí para parecer bonito – estou aí para fazer alguma coisa". Mas Blaze, às vezes, desconfia da autoridade, achando que esta é quase sempre alimentada por uma necessidade de ser vista. O Cavaleiro de Copas, para Blaze, é um lembrete motivacional para fazer a coisa certa por ela mesma, não por poder ou prestígio.

13. Como figura de autoridade: Valete de Ouros – Blaze admitiu que estar no comando não é o forte de *per*. Para Blaze, o Valete de Ouros parece um personagem bastante contido. Mas Blaze sentiu como se *per* quisesse dizer ao personagem da carta: "Vá e faça alguma coisa com esse pentáculo! Não fique aí só olhando para ele!". Por essa lente, Blaze viu essa carta como um desafio a fazer algo para tirar *per* da zona de conforto, de modo especial como figura de autoridade.

14. Como provedor de *perself*: Rainha de Paus – Blaze teve a impressão de que a Rainha de Paus parecia um tanto esquiva e admitiu que, por ser tímido, esforça-se para pedir ajuda quando precisa dela. A timidez de *per* pode o estar impedindo de fazer novos amigos, o que pode causar solidão. Em algumas leituras, isso pode significar que Blaze está sabotando *perself*, afastando-se, mas em outras um pouco de distância pode ser algo positivo. Situações sociais sufocam Blaze com facilidade, mas *per* se sente culpado por evitá-las. Levando em consideração essas duas constatações, Blaze vê a Rainha de Paus equilibrando a necessidade de privacidade com a necessidade periódica de se relacionar com terceiros.

15. Como obstáculo a *perself*: Valete de Copas – Blaze considerou a imagem do Valete de Copas um pouco misteriosa. Pensou

um pouco, mas não conseguiu encontrar uma resposta específica para a pergunta acerca do modo como *per* poderia ser um obstáculo para *perself*. Como *per* não teve uma resposta para a pergunta, Blaze concluiu que a carta significa um pouco de mistério, em particular sobre *perself*. Ela também pode ser uma carta que incentiva a autodescoberta.

16. Saúde: Rei de Paus – Blaze gosta da dignidade e da autoridade do Rei de Paus. "Este Rei não está exercendo seu poder sobre ninguém." Blaze achou que *per* tem sólida compreensão do que é bom para sua saúde, mas que há algumas maneiras de melhorá-la. Para Blaze, o Rei de Paus é uma carta que indica solidez, firmeza, mas sabendo que sempre pode haver espaço para melhorias.

• • •

Com o código de personagem das cartas da corte e o exercício das Dezesseis Máscaras, você provavelmente dispõe agora de uma variedade de significados personalizados específicos para as cartas da corte. Além disso, esses exercícios o ajudarão a responder de maneira intuitiva a uma carta e a não se apegar a um significado outrora memorizado e esquecido. Recomendo que tente fazer esses exercícios. Faça anotações e as compare. Essa disciplina não só é útil para o conhecimento geral do tarô, mas também oferece um vislumbre da sua jornada pessoal – outro dos muitos benefícios propiciados pela leitura do tarô!

Prática com as cartas da corte

Você atribuiu às cartas significados derivados das próprias experiências. E agora? O que essas cartas significam em uma leitura real, concreta? Ao explorar autoleituras com uma seção pouco conhecida do baralho, faça perguntas simples e evite, a princípio, aquelas que pedem apenas uma resposta "sim" ou "não". (Para uma disposição Sim/Não, ver p. 212.) Em vez disso, faça perguntas mais orientadas à ação, como: "O que devo fazer sobre o assunto X?".

Quando Blaze terminou o exercício apresentado, *per* tentou fazer a leitura de uma única carta, a ser tirada entre as cartas da corte. A pergunta de Blaze foi: "Como *per* pode se tornar mais produtivo sem ser autocrítico de *perself*?" Blaze tirou o Rei de Espadas. Lembrando-se do exercício e da interpretação de *per* de que o Rei de Espadas representa pequenas coisas que causam grande impacto, Blaze entendeu que essa carta significa que provavelmente *per* é mais produtivo do que acredita. A tendência de Blaze a ser autocrítico foi contestada pelo Rei de Espadas. "Estou bem!", disse Blaze no fim da leitura de *per*.

Como saber se as cartas se referem a você ou a outra pessoa

Ao longo deste capítulo, exploramos o potencial diversificado das cartas da corte, como influências externas e internas. Mas, quando essas cartas aparecem em uma leitura, como saber o que tentam nos dizer? Tirar o Cavaleiro de Copas significa que a antiga paixão associada a esse Cavaleiro vai nos telefonar? Ou que há aspectos dessa pessoa que devemos aceitar (ou superar) em nós mesmos? A natureza da pergunta em geral moldará a resposta. Se a pergunta for algo como: "O que acontecerá nas minhas férias na semana que vem?" e a leitura incluir um Cavaleiro de Copas, talvez encontremos alguém que nos lembre aquela antiga paixão – ou que a antiga paixão tenha reservado uma passagem para a mesma viagem! Se perguntarmos algo parecido com: "Como a viagem que farei a semana que vem vai me afetar?", então o Cavaleiro de Copas pode indicar sentimentos ou situações que venhamos a associar à própria viagem.

Em algumas distribuições das cartas, não será muito fácil chegar a uma conclusão. Isso se aplica, em especial, se você estiver trabalhando com uma distribuição mais tradicional, como a cruz celta (ver p. 260). Se uma carta da corte aparecer durante a leitura e você não tiver certeza se ela representa uma influência interna ou externa, tire uma carta esclarecedora dos Arcanos Maiores. Isso não significa que você precisa separar todas as cartas do baralho; basta repassá-las até chegar a uma dos Arcanos Maiores. Se a primeira carta dos Arcanos Maiores for uma carta personagem, então a carta em questão indica outra pessoa ou uma influência externa. Se você tirar uma carta dos Arcanos Maiores que indica uma lição, como o Julgamento ou a Roda da Fortuna, a carta provavelmente indica sentimentos ou influências internas. A exceção a isso é o Louco. O Louco é uma carta personagem, mas se refere com mais frequência a uma influência interna, não externa. A tabela da página 134 pode ser muito útil.

Nesta prática, prestar atenção às posições normal e invertida das cartas dará profundidade ainda maior ao que elas podem significar para você. Veja a tabela 2 na página 135.

Recentemente, minha carta do dia foi o Valete de Paus invertido. Cartas invertidas como cartas do dia são capciosas para mim, então fui repassando-as até chegar a uma carta dos Arcanos Maiores, a Força. Associo o Valete de Paus à indústria e à criatividade, e a Força, ao potencial. Receber o Valete de Paus invertido com a Força em posição normal (combinação que pode significar assuntos inacabados, como mencionado antes) foi uma mensagem de que a leitura era sobre alguma coisa que estava acontecendo comigo. Ele me dizia que, embora estivesse cansada, eu precisava superar o cansaço, concluir o que tinha começado e terminar forte.

As cartas em ação

Neste exercício, trabalharemos com os Arcanos Maiores em combinação com as cartas da corte. Embaralhe os vinte e dois Arcanos Maiores com as dezesseis cartas da corte, deixando de lado as cartas numeradas dos Arcanos Menores. Pratique com uma pergunta aberta, evitando perguntas sim/não neste momento.

Tabela 1

Influências internas	Influências externas
0 O Louco	1 O Mago
7 O Carro	2 A Sacerdotisa
8 A Justiça	3 A Imperatriz
10 A Roda da Fortuna	4 O Imperador
11 A Força	5 O Papa
13 A Morte	6 Os Amantes
14 A Temperança	9 O Eremita
16 A Torre	12 O Enforcado
17 A Estrela	15 O Diabo
18 A Lua	
19 O Sol	
20 O Julgamento	
21 O Mundo	

Tabela 2

Carta da corte	Arcanos Maiores	Possível significado
Normal	Externa/Normal	Aliado ou inimigo proeminente ou público.
Normal	Interna/Normal	Honestidade, agência, propriedade.
Normal	Externa/Invertida	Perda de relação, falta de comunicação. Diferença de opinião.
Normal	Interna/Invertida	Motivos pessoais dúbios. Falta de direção. Detido na encruzilhada.
Invertida	Externa/Normal	Auxílio anônimo ou frustração. Ajuda tentando chegar até você ou destruição tentando atingi-lo. Desconexão.
Invertida	Interna/Normal	Segredos pessoais, falta de consciência de si. Desenvolvimento pessoal inacabado.
Invertida	Interna/Invertida	Desinteresse, estagnação, possivelmente depressão ou doença física.
Invertida	Externa/Invertida	Separação de caminhos, diferença de opinião ou princípios, poderia reunir forças com alguém que também está planejando seguir em uma direção diferente.

Colin desejava adotar um cachorro de um abrigo de animais, mas queria mais informações sobre a adaptação do cão à nova casa. Ele tirou quatro cartas entre as dos Arcanos Maiores e as da corte misturadas, distribuindo-as nesta ordem: em cima, à esquerda, à direita, embaixo.

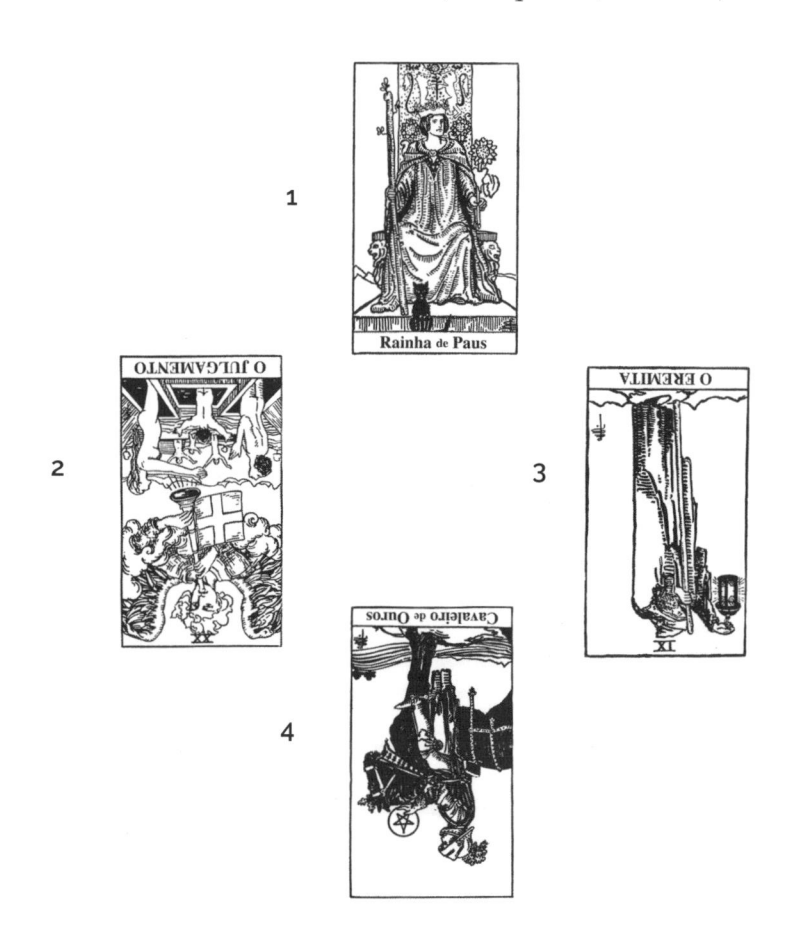

Carta 1: A situação em questão – Rainha de Paus. Primeiro, Colin observou a mulher sentada tranquila com um gato aos pés. Mesmo sendo o animal de uma espécie diferente, Colin interpretou que o cão se sentiria em casa rapidamente.

Carta 2: Possíveis preocupações – O Julgamento invertida. Colin ficou um pouco confuso com essa carta. Então, tirando outra carta para esclarecer, recebeu o Rei de Ouros invertido. Interpretando as duas cartas invertidas como uma mensagem para reverter algumas decisões ruins relacionadas a seus gastos, concluiu que precisava mudar a maneira de lidar com as despesas.

Carta 3: Possível trabalho – O Eremita invertido. Colin vive sozinho há algum tempo. O Eremita invertido sugeriu o fim de uma vida solitária com a inclusão de um cachorro e ajuste em seu estilo de vida para cuidar de outra criatura.

Carta 4: Orientação – Cavaleiro de Ouros invertido. Colin normalmente vê esse Cavaleiro como um personagem que procede com calma e cautela ao tomar decisões. Mas, neste caso, como a carta está invertida, concluiu que a mensagem era no sentido de não retardar a decisão, pois o cachorro do seu interesse poderia ser adotado por outra pessoa ou então ser sacrificado.

Depois da leitura, Colin se sentiu bem mais confiante, pois sua maior dúvida era se o cachorro se adaptaria bem em sua casa. A carta principal estava na posição normal, enquanto as demais estavam invertidas. Ele entendeu essa configuração como significando que, apesar das preocupações, o mais importante era consistente: ele se sentiria bem e feliz com o novo amigo.

• • •

As cartas da corte são matizadas, informativas e, às vezes, até bem-humoradas. Servem de ponte entre os Arcanos Maiores grandiosos e as situações mais comuns descritas nos Arcanos Menores. Apesar disso, ainda podem ser algumas das cartas mais capciosas a se aprender no tarô. A maior dúvida que pode surgir em uma autoleitura talvez seja: "Esta carta sou eu ou é outra pessoa?". Além disso, certas cartas que aparecem para algumas perguntas podem ser sinal de alarme. Digamos que você esteja fazendo uma leitura sobre seu relacionamento e tire um Rei de Espadas quando preferiria ver um Cavaleiro de Copas. Isso significa que uma discussão está prestes a acontecer? Talvez. Talvez o Rei de Espadas esteja aí para estimular novos limites. Então, de novo, talvez a discussão que você viu na autoleitura será apenas sobre o sabor do sorvete a ser desfrutado.

A natureza e os significados das cartas da corte também são muito auxiliados pelas cartas numeradas dos Arcanos Menores, conhecidas como cartas "pinta" (*"pip"* *cards*), *pip* significando as marcas (mancha, ponto, sinal) ou símbolos que ilustram a face anterior da carta em quantidade correspondente ao seu número. Estudaremos essas cartas no próximo capítulo.

QUATRO

CARTAS NUMERADAS DOS ARCANOS MENORES

O s Arcanos Menores compreendem as 56 cartas que, com as 22 dos Arcanos Maiores, compõem o baralho do tarô. As cartas da corte fazem parte dos Arcanos Menores, mas este capítulo se concentrará nas 40 cartas numeradas, divididas em quatro naipes, cada um com dez cartas identificadas de 1 (Ás) a 10. Se os Arcanos Maiores representam passagens decisivas na trajetória da vida ou funções que assumimos, e as cartas da corte representam indivíduos, influências ou "máscaras" importantes com que nos deparamos em diferentes situações, os Arcanos Menores representam momentos e escolhas distintas, o que não significa que causem impacto menor que os Arcanos Maiores. Os Arcanos Menores refletem as nuances mais profundas da nossa jornada, revelando a profundidade de momentos comuns e a simplicidade de momentos mais incomuns.

Os naipes dos Arcanos Menores

Como mencionado no capítulo anterior, os quatro naipes (Ouros, Espadas, Paus e Copas) estão associados à terra, ao ar, ao fogo e à água, respectivamente. Essas associações são conhecidas como *elementais*, representando diferentes aspectos da experiência humana. Uma experiência do coração é considerada água, enquanto as experiências do corpo são consideradas terra. A comunicação e o conflito estão relacionados ao ar, e a paixão, a química e a sexualidade estão associadas ao fogo. No último capítulo, abordamos a relação entre Copas e as emoções e os relacionamentos; entre Espadas e o conflito ou a comunicação; entre Ouros e a riqueza e o corpo; e entre Paus e a paixão e o espírito, examinando os "regentes" desses naipes, por meio dos Reis, das Rainhas, dos Cavaleiros e dos Valetes. Neste capítulo, trataremos da presença desses regentes nas demais 40 cartas do tarô – muitas vezes chamadas "pintas".

Os números

Essas cartas numeradas descrevem o espectro da experiência no contexto do naipe elemental. Em geral, à medida que os números aumentam, aumenta também a intensidade da experiência. O número da carta indica ainda um ponto na jornada do começo ao fim. Por exemplo, o Ás de Copas pode representar o início de um relacionamento. O 10 de Copas poderia representar o fim de um relacionamento ou de uma fase dele, como um casal passando do namoro casual a um compromisso mais sério. A diferença entre o Ás e o 10 de Copas também pode significar a diferença entre sentimentos de afeto mais superficiais, algo como uma "paixonite", e um amor mais maduro e profundo. O significado numérico vai mudar dependendo da relação do leitor com esses números. Talvez você siga uma tradição religiosa ou espiritual específica que considera determinados números sagrados ou auspiciosos. Talvez tenha um número favorito. Assim como sua relação pessoal influencia as associações com as cartas da corte, do mesmo modo suas preferências numéricas afetarão as associações com os demais Arcanos Menores.

Lembre-se: O tarô precisa aprender seu sistema de associações, incluindo aquelas com números.

Muitos anos atrás, realizei uma leitura para uma jovem que trabalhava como professora particular de matemática. Mais ou menos na metade da leitura, ela perguntou por que eu distribuía cartas de números primos sobre a mesa. Sem me dar conta, havia desenvolvido disposições em padrões de três, cinco e sete cartas. A cliente disse que nutria certo fascínio peculiar pelos números primos. O fato de eu, sem intenção nenhuma, tirar cartas dessa forma tornou a leitura dela especialmente emocionante.

Sua relação com os números é importante na leitura do tarô. Uma dúzia de livros pode lhe dizer que o número cinco é de conflito; no entanto, se cinco for seu número pessoal de sorte, tirar dois ou três cincos em sua autoleitura pode ser um bom presságio. Tipicamente, o número nove tem conotações de abundância, tanto de alegrias quanto de tristezas. Todavia, uma de minhas alunas estabeleceu uma relação muito diferente com esse número. Ela teve muita dificuldade em relacionar "alegria abundante" ao número. Ao refletir sobre ele, ela se lembrou de que tinha nove anos em 11/9/2001, quando foi colocada em um lar adotivo, onde viveu por aproximadamente nove meses. Para essa aluna, o número nove significava destruição, mas também sobrevivência. Entender a relação pessoal com o número facilitou muito as autoleituras dela.

Se você já tem uma relação com determinados números, faça anotações sobre eles no diário de tarô. Para mim, sete era meu número preferido na infância. Receber um sete significa alegria no contexto do naipe em minhas autoleituras. (O 7 de Ouros significa alegria no trabalho, por exemplo. O 7 de Copas, alegria no amor ou nos relacionamentos.) Por causa da minha educação católica e do trabalho atual com mitos celtas, em minhas leituras o número três significa influência divina, uma vez que tanto na tradição popular católica quanto na celta pagã o número três significa a presença do Divino. Se você tem associações para todos os números de um a dez, ótimo. Use-as! Se tiver apenas algumas, bom também. Se não tiver nenhuma, não se preocupe! O próximo exercício examinará associações numéricas tradicionais e maneiras de se relacionar com elas.

Identificação de palavras-chave para as cartas numeradas

Esta seção contém significados comuns para os números dos Arcanos Menores, conforme atribuídos por escritores clássicos e contemporâneos ao tarô e a outras formas de adivinhação por cartas.[1]

Antes de rever esses significados, examine cada uma das cartas dos Arcanos Menores. Veja a história na figura, *sem* olhar as palavras-chave listadas a seguir. Em cada imagem, que detalhes chamam mais sua atenção? Por exemplo, digamos que você esteja considerando o 9 de Ouros. No baralho RWS, uma mulher está no meio de um parreiral, observando um pássaro na mão. No canto inferior esquerdo, há um caracol. Talvez você veja a expressão da personagem como serena. Talvez a veja como aborrecida ou triste. Talvez o pássaro esteja transmitindo uma mensagem a ela ou, quem sabe, ela esteja apenas apreciando a beleza da ave. Talvez caracóis o assustem, tornando a carta um pouco repulsiva. Talvez você goste de caracóis e a carta lhe transmita satisfação. Quaisquer que sejam seus sentimentos, faça anotações sobre suas palavras-chave pessoais no diário de tarô.

Em seguida, reveja as palavras-chave tradicionais associadas a esses sentimentos, conforme a relação a seguir. Em *21 Ways to Read a Tarot Card*, Mary Greer sugere rever palavras-chave comuns a cada carta numerada e prestar atenção às palavras-chave que lhe chamam atenção especial. Registre e comente palavras-chave que correspondem de imediato aos detalhes que você observou ao se deter em cada carta dos Arcanos Menores. Anote também as palavras-chave que lhe fazem sentido no momento em que as lê, mesmo que não correspondam aos detalhes que você percebeu originalmente. Por exemplo, as palavras-chave "conquista" e "rito religioso" são ambas usadas para todos os noves. Talvez você tenha visto "conquista" no 9 de Ouros, mas não percebeu de imediato "rito religioso" nessa mesma carta. No entanto, depois de ler "rito religioso" na lista de palavras-chave dos noves, a personagem do 9 de Ouros do RWS comunicando-se com uma criatura alada evoca algum simbolismo religioso. Outra palavra-chave para os noves é "limites". Imaginemos que essa seja uma palavra-chave que não se identifique com sua impressão do 9 de Ouros. Nesse caso, apenas ignore o fato. Faça anotações das palavras-chave que contribuem para melhorar sua compreensão geral da carta.

Como você pode perceber, algumas palavras-chave numéricas podem parecer contraditórias. Outras podem apresentar semelhanças entre diversos números. Em suas leituras, talvez você descubra que um número sugere amor em um contexto, mas perda em outro. Esse é um dos belos mistérios do tarô, embora às vezes frustrantes. Mas, assim como os idiomas podem atribuir significados contraditórios a palavras isoladas ou um único significado a várias palavras, o tarô pode fazer a mesma coisa com as cartas.

A seguir, uma lista de significados gerais para os números das cartas do tarô.

Os Ases

Sentido geral do naipe: Força, vigor, autoridade, novidade, simplicidade, foco, potencial, começo, realização, semente, conceito, concepção, nutrição, invenção, contentamento, extremo ou excessivo. *Invertida*: Atrasos, oportunidades perdidas, foco interior, algo de valor raro, mudança, "falso coração", confinamento.

Os Dois

Um par, um casal, um encontro, uma escolha, equilíbrio, cooperação, aliança, verdade interior, parceria, resposta, reação, retenção, cautela, desdobramento, fortuna, emoção, uma mensagem, amizade. *Invertida*: Desequilíbrio, indecisão, desarmonia, oposição, duplicidade, divisão, discórdia, melancolia, tristeza, medo, constrangimento, obstáculos, luxúria, mentiras.

Os Três

Fertilidade, produção, a família, a Santíssima Trindade (ou outra variação sagrada de três), alegria, bênção, criação, união, amor, integração, o resultado de uma união, colaboração, expressão, realização, compreensão, completude, maternidade, parto, entendimento, potência passiva, influência divina, igualdade, empreendimento, causas nobres, consideração, sucesso, viagem. *Invertida*: Falta de cooperação, ociosidade, inação, recuperação e cura, interrupção, cessação, fraqueza, ação vil, fins, conclusão, preocupações mentais.

Os Quatros

Consolidação, descanso, fundação, harmonização, estabelecimento, ordem, amor, misericórdia, teimosia, solidez, manifestação, sociedade, associação, gratificação, legado, aborrecimento, solidão, retiro, confiabilidade, limitação, os Quatro Cavaleiros do Apocalipse ou os Quatro Arcanjos, situação difícil que deve mudar – para melhor ou para pior. *Invertida*: Insegurança, precipitação, fundamento interior, desconexão, limitações, obstáculos e atrasos, novidade, economia, poupança.

Os Cincos

Um grupo – de amigos, inimigos, bênçãos ou problemas, frequentemente alguns conflitos, mas considerados mágicos em alguns sistemas, trapaça, altercação, desestabilização, crise, transtorno, solução de problemas, conflito, arrependimentos, união de opostos, casamento, movimento, força, riqueza, acordo, conveniência, herança, perda. *Invertida*: Inércia, dogma, repressão, vitimização, conformidade, trapaça, discussão, desordem, dissipação, perda, doença.

Os Seis

Intuição, confiança, trabalho em equipe, cautela contra intrusão, combinação, escolha, reunião, apoio, reciprocidade, atração, discriminação, oportunidades de sucesso, beleza, gratidão, harmonia, um ciclo, união de justiça e misericórdia, serviço, momento presente, testemunha, lembranças, caminho. *Invertida*: Egocentrismo, vaidade, estranhamento, autorrealização, insubordinação, inferioridade, receio, apreensão, inveja, luxúria, ressurreição, demonstração de amor.

Os Setes

Muitas vezes considerado auspicioso, também visto como o número do místico, conhecimento superior ou segredos revelados, infelicidade, ataque psíquico, problemas mágicos, a "pessoa estranha", desafios, provações, uso de habilidade e coragem, esforço, possível perda de estabilidade, vitória, vício, poder e energia, término, hesitação, discussão, riqueza, pensamento, esperança. *Invertida*: Arrogância, enganação, paranoia, covardia, implementação, incerteza, indecisão, jovialidade, angústia, desconfiança, projeto, bons conselhos.

Os Oitos

Sucesso, em particular em questões de ganho material, confiabilidade, organização, intelectualidade, regeneração, ressurreição, complexidade, ajuste, reavaliação, organização, progresso, glória, equilíbrio perfeito, resolução, resposta ao chamado divino, exame, escrúpulos, honestidade, posição crítica. *Invertida*: Mau juízo, falta de persistência, progresso espiritual, expansividade, conflitos internos, avareza, felicidade, dificuldade.

Os Noves

Limites, força, prudência, conquista, término, solidão, realização, saciedade, calma, melancolia, satisfação, encerramento, cumprimento, efeitos de ações anteriores, vitória, ritos religiosos ou espirituais, abundância – de alegrias ou tristezas, poder, precaução contra tendências tanto a capacitar como a dominar, aceitação do poder pessoal. *Invertida*: Falta de disciplina ou de autoconsciência, dependência, hostilidade, desencontros, força na oposição, enganação, má-fé, esperança vã, bem-estar físico, dúvida justificada.

Os Dez

Totalidade, consumo, herança, conclusão, fim de um capítulo, novo começo, mudança de vida, efeitos ou resultados, permanência, renovação, comunidade, domínio, realização, divindade, androginia, construção, residência, cidadania, tristeza, perda natural. *Invertida*: Excesso de qualquer coisa, rebelião, perdas, brigas, resultados de curta duração, comunhão com a alma, traição, disfarce, opressão, fatalidade, destino, agitação, vantagem, lucro.

• • •

Não se deixe levar pela tentação de memorizar esses significados. Primeiro, é desnecessário. O objetivo é descobrir suas associações pessoais, não memorizar as de terceiros. Segundo, a memorização de muitos dados impede o surgimento das mensagens intuitivas necessárias a uma autoleitura precisa. No entanto, é útil dispor de um contexto básico para cada uma das cartas. Consulte seu diário de tarô para rever as anotações feitas no exercício das palavras-chave; elas lhe serão úteis caso você se depare com dificuldades ou fique confuso durante uma leitura. Não obstante, nem mesmo suas anotações devem servir de muletas. Faça dos significados tradicionais seu vaso e solo para neles depositar a semente de suas interpretações. Os verdadeiros significados devem criar raízes, florescer e surpreendê-lo enquanto se expandem.

Como desenvolver respostas intuitivas com as cartas

Suas leituras serão mais eficientes e precisas a partir do momento em que você se sentir à vontade no manuseio das cartas e extrair delas algum significado sem precisar consultar um livro – incluindo o diário de tarô! Associar palavras-chave às cartas é o primeiro passo para organizar um quadro contextual em que suas respostas intuitivas possam se desenvolver.

Um rótulo para as cartas

Nossas respostas intuitivas às cartas mudam e evoluem – às vezes, inclusive, em uma mesma leitura. Ao realizar o próximo exercício, não use o que já sabe da carta por leituras anteriores. Em vez disso, concentre-se no que ela significa para você no momento da leitura.

Que imagens se destacam de modo especial? Lembrando o significado básico de cada naipe, o que ele acrescenta à sua compreensão do significado da carta? Por exemplo, ao receber o 7 de Espadas em uma leitura, talvez você se concentre no fardo que a personagem carrega. Mas hoje, quem sabe, é o sorriso malicioso da personagem que chama sua atenção. Hoje, talvez, a carta não signifique "fardo", mas, sim, "rir por último". Como o elemento que corresponde a Espadas, na maioria dos baralhos, é o ar, pensamentos dominantes e comunicação, talvez hoje o 7 de Espadas signifique se libertar do fardo dos julgamentos de outras pessoas.

Ultimamente, ao observar os Ases no meu baralho RWS, venho me concentrando muito nas mãos. A mão separada do corpo me lembra o potencial do naipe dessa carta. Para mim, a palavra-chave do Ás é "absoluto". Vejo o Ás de Copas e penso em "amor absoluto". Para o Ás de Paus, penso em "criatividade absoluta". Para Espadas e Ouros, penso em "determinação absoluta" e "oportunidade absoluta". Também tenho a sensação de que, observando as mãos estendidas, algo me está sendo oferecido. Se eu recebesse essas cartas em uma leitura, as entenderia como uma mensagem para aproveitar uma oportunidade. Se invertidas, porém, tenho a impressão de que algo pode ser descartado, e significariam uma oportunidade possivelmente perdida ou mesmo sinal de que preciso me livrar de alguma coisa.

Sandra, amiga e colega leitora, interpreta os Ases como um novo início: novo amor, novo emprego, novo projeto, novo modo de pensar. Ela vê uma imensa quantidade de energia em uma pequena unidade. Para ela, o Ás é como uma semente com enorme potencial armazenado – um meio para trazer algo maior ao mundo. Para outra amiga leitora, Gretchen, os Ases significam motivação extraordinária: a grande ideia, o grande esforço, expressão do amor pela primeira vez, a primeira pequena quantia de dinheiro ou o primeiro cheque.

Durante muito tempo, em minhas leituras, os Dois representaram uma escolha. No 2 de Paus, por exemplo, a personagem que olha para o globo parece estar considerando uma escolha. Se recebo um Dois em minhas leituras pessoais, muitas vezes vejo nisso um sinal de que uma decisão precisa ser tomada. Se a carta for invertida, pode ser indicação de que não é o momento certo para tomar uma decisão. A pequena diferença é o 2 de Espadas. No 2 de Espadas do RWS, a mulher vendada de braços cruzados sugere recusa, seja para assumir um compromisso, seja para fazer qualquer escolha. Quando recebo essa carta, pergunto-me o que eu talvez esteja me recusando a ver, ou se ceder em uma negociação pode ser uma decisão proveitosa ou não. Na minha atual jornada, sou recém-casada, assim a ideia de "dois" está evoluindo para significar que minhas escolhas devem levar em conta duas pessoas, não apenas uma. Para mim, os Dois começam a representar uma escolha que afeta a mim mesma e ainda outras pessoas.

Gretchen também vê os Dois como escolhas, mas relacionadas aos primeiros passos seguintes aos movimentos desencadeados pelos Ases. Gretchen trabalha com o baralho Thoth, no qual o 2 de Espadas expõe uma flor no centro. Para ela, essa imagem representa a escolha da paz, mesmo diante da tentação de lutar. Ao mesmo tempo, o 2 de Paus significa, para ela, a opção de afastar as distrações e concentrar-se no trabalho que precisa ser feito. Gretchen diz que, em suas leituras, os Dois simbolizam uma imagem reflexa e quase sempre sinalizam que ela encontrará um aspecto de si mesma em outra pessoa. É uma mensagem para que preste atenção aos encontros, pois é provável que tenham algo a lhe ensinar sobre si mesma.

Se você está lutando para relacionar significados individuais a cada carta, veja as cartas numeradas como uma unidade.

Retire do baralho os quatro Ases, os quatro Dois, os quatro Três etc. Observando as imagens, o que as quatro cartas têm em comum? Em que se diferenciam? Tenha consciência de seus primeiros impulsos ao examinar essas cartas como unidade. Elas o atraem? Elas o repelem? Você não sente nada em relação a elas? Elas lembram a você alguma coisa? Registre suas impressões no diário de tarô.

Stephanie já fazia leituras de tarô para si mesma havia algum tempo, mas encontrava dificuldades com as cartas numeradas dos Arcanos Menores. Na prática com os Três, usava o baralho medieval Scapini. Ao distribuí-los lado a lado, percebia as evidentes diferenças. Os 3 de Moedas (em vez de Pentáculos neste baralho) incluíam uma personagem semelhante a um artista sobre um pódio, com três moedas ao lado representando Vênus, César e o Louco arquetípico. O próprio artista estava sobre uma plataforma, indicando algum tipo de reverência. Para Stephanie, a imagem parecia representar uma progressão, enquanto no 3 de Espadas ela via uma família sendo separada. "Há uma longa espada entre a família e uma das personagens, e todos olham para a personagem com repulsa", observou. No 3 de Copas, Stephanie observou as três taças quase transbordando, mas estas pareciam "meio nojentas. Há muita coisa nelas". No 3 de Paus, observou três personagens trabalhando juntas, amarradas umas às outras. "Parece muito trabalhoso", comentou. "Mas há certa agitação. Alguma coisa relacionada às três juntas parece estar em desequilíbrio."

Embora as cartas fossem muito diferentes, Stephanie pôde identificar um conflito nos 3 de Espadas e de Paus, enquanto os 3 de

Moedas e de Copas tinham ambos imagens que, para ela, representavam "gula e vício". Entre as quatro cartas, Stephanie descobriu que o tema principal era a desarmonia, sobretudo aquela oculta. Se Stephanie recebesse um 3 em uma leitura, poderia interpretar a mensagem como desarmonia, possivelmente encoberta. Também pode significar que, se estiver lidando com desarmonia pessoal interior, outros podem não perceber essa situação. Vendo as cartas como unidade, Stephanie descobriu significados pessoais diferentes da interpretação-padrão dos Três, mas bastante fortes para ela.

Pares de Arcanos Maiores e Menores

O exercício seguinte vai ajudar você a entender sua relação com as cartas numeradas e a praticar a autoleitura.

Tire aleatoriamente uma carta dos Arcanos Maiores. Ao lado dessa carta, formando par e uma por vez, coloque cada uma das cartas numeradas (pintas) dos Arcanos Menores com as quais você está trabalhando (os 2, os 4, os 7 etc.). Pratique a interpretação de mensagens com base nos pares formados, sem nenhuma pergunta específica em mente, baseando-se em suas interpretações compiladas para as cartas numeradas (seja por meio do exercício das palavras-chave ou das reações às unidades numeradas). Sabendo o que sabe sobre os Arcanos Maiores e Menores, que mensagens você encontra ao observá-los juntos? Alguns desses pares podem responder a perguntas que você possa ter. Outros podem ter mensagens prescientes para situações atuais que esteja vivenciando. Stephanie fez o exercício sem perguntas em mente, mas procurou formas pelas quais os Arcanos pudessem se expressar a respeito de situações atuais que ela estava vivendo.

Em uma segunda rodada, escolha uma carta dos Arcanos Maiores e pratique a formação de pares com cada uma das quatro cartas numeradas dos Arcanos Menores, como os Três, como fez Stephanie.

Stephanie tirou A Força, equivalente à mesma carta no baralho RWS. Com A Força ao lado do 3 de Paus, concluiu que a mensagem era: se quisesse controlar uma situação difícil, precisaria encontrar força na organização (o 3 de Paus do baralho dela mostra três personagens subindo em uma árvore, o que lhe lembrou um método de classificação), talvez planejando seu dia de forma mais eficaz e cooperando com os colegas. A Força com o 3 de Copas lhe disse: "Livre-se do bolo, pare de beber tanto vinho e vá caminhar!". Ela viu o 3 de Copas desagradável e transbordante formando par com a carta A Força como uma mensagem para sobrepor a força de vontade à autoindulgência. O 3 de Moedas e A Força disseram a Stephanie para usar a força para administrar suas aptidões criativas, possivelmente cobrando mais por seu trabalho. As três mensagens relacionavam-se com assuntos com os quais Stephanie estava envolvida pessoalmente e a ajudaram a esclarecer alguns aspectos referentes à saúde, ao trabalho e a hábitos pessoais. No entanto, o par 3 de Espadas e A Força ainda a confundia.

Observação: Se você tiver algum problema em extrair uma mensagem dessa formação de pares, talvez seja recomendável tirar uma carta esclarecedora, que pode ser dos Arcanos Maiores ou Menores.

Stephanie interpretou a combinação do 3 de Espadas com A Força como uma mensagem para empregar a força interior para se afastar de uma situação negativa, fazer ajustes e resolvê-la, mas definitivamente não a ignorar. No entanto, a princípio, isso não se aplicava a nada que ela estivesse vivenciando. Então, tirou outra carta: O Louco invertido. Stephanie achava que se O Louco estivesse na posição normal deveria se afastar e seguir a mensagem do Louco de "tomar um novo caminho". Todavia, como a carta estava invertida, concluiu que a mensagem era para "ficar aí" e não se afastar. Isso esclareceu uma situação atual e confirmou a escolha dela de que, em vez de se afastar, tomara a decisão correta de ficar onde estava e resolver as coisas.

Observe a frequência das cartas numeradas

Preste atenção à frequência com que os diferentes números aparecem. Em minhas autoleituras, costumo usar disposições que incluem poucas cartas. Assim, tirando apenas cinco cartas em uma leitura e percebendo que três delas são Dois, concluo que devo tomar uma decisão, pois, em geral, associo os Dois à escolha. As demais cartas podem oferecer informações sobre a natureza dessa decisão. Por exemplo, em leitura recente, tirei três cartas para representar o passado, o presente e o futuro, sem uma pergunta específica em mente. Tratava-se apenas de uma leitura geral para verificar o caminho a seguir e as influências.

À primeira vista, eu poderia dizer que essa é uma leitura bastante consistente de momentos felizes atuais e futuros.

| O Passado | O Presente | O Futuro |

Para mim, a Imperatriz representa conquistas no meu passado, pois a considero como sendo o melhor de mim que posso ser e extraindo o máximo de minhas aptidões. Pouco antes de fazer a leitura, foi-me oferecida uma oportunidade de trabalho potencialmente lucrativa. Os Noves representam sentimentos intensos: satisfação profunda ou inseguranças muito fortes. Para mim, esses dois Noves representam satisfação profunda. O 9 de Copas confirma que o trabalho que estou realizando é satisfatório em si mesmo. A personagem no centro parece muito feliz, embora por vezes eu deseje chacoalhá-la para que não fique muito à vontade e se torne indolente! O 9 de Ouros sugere que eu leve as coisas um passo adiante, divulgando o que faço. Entendi tudo isso como uma mensagem para me orgulhar de minhas realizações, invocando a confiança da Imperatriz. Talvez seja uma mensagem que diz: "Tudo bem, não há problema em se gabar um pouco, neste caso!".

O que os números estão tentando dizer

Comece este exercício tirando uma carta por vez e formando pilhas: uma pilha para os Arcanos Maiores e as cartas da corte e outras pilhas, todas separadas, para cada uma das cartas numeradas, para todos os Ases, para todos os Dois, e assim por diante. Não há necessidade de tirar todas as cartas, pois nem todas as pertencentes aos Arcanos Maiores e à corte acabarão na primeira pilha. Interrompa a tirada assim que uma das pilhas de cartas numeradas completar o total de quatro cartas. Coloque lado a lado a pilha dos Arcanos Maiores/corte e a pilha formada pelas quatro cartas numeradas. Devolva as demais cartas numeradas ao baralho. Disponha as quatro cartas numeradas em fileira e distribua as dos Arcanos Maiores/corte em torno dessas quatro. Mesmo que já esteja familiarizado com cartas invertidas, ignore-as neste exercício.

Imagine que as cartas dos Arcanos Maiores/corte que você tirou indicam o que o baralho quer lhe dizer sobre as quatro cartas numeradas – por meio de sua própria história, das palavras-chave e de sua compreensão da unidade. Observe-as no contexto das cartas numeradas no centro. A presença de alguns Cavaleiros significa que o número indica ação? O aparecimento do Enforcado exigiria contenção quando o número estivesse presente? O que o Sol pode significar no contexto do número?

Miguel, com pouca experiência com o tarô, tentou fazer este exercício. Precisou tirar quase todo o baralho até conseguir um naipe completo de cartas numeradas. No fim, os Dez foram a primeira pilha a ter as quatro cartas reunidas. A pilha dos Arcanos Maiores e da corte estava bem volumosa, incluindo o Valete, o Cavaleiro, a Rainha e o Rei de Copas, além das três Rainhas de Ouros, Espadas e Paus. "Os Dez devem ter algo a ver com feminilidade ou mulheres; talvez sejam influências de uma mãe ou de uma deusa-mãe", ele comentou. Miguel se deu conta de que havia tirado as cartas dos Arcanos Maiores correspondentes à escolha, à orientação e à experiência. As que lhe chamaram mais atenção foram A Torre, O Diabo, O Enforcado e A Roda da Fortuna. "Todas elas parecem paredes de tijolos. Um Diabo só quer se meter no seu caminho, e todas essas pessoas caindo da Torre não podem indicar que as coisas vão continuar como sempre. E qual o sentido de uma roda só? Ela não pode levar ninguém a lugar nenhum." Para Miguel, os Dez significavam finais, e finais um tanto chocantes. "Mas essas cartas parecem guias", ele disse, mostrando que a pilha de cartas dos Arcanos Maiores e da corte também continha A Imperatriz, O Imperador, A Sacerdotisa e O Hierofante. "À semelhança dessas outras Rainhas – elas estão aí para orientar."

Depois de refletir sobre esse exercício e essas cartas, Miguel concluiu que, para ele, os Dez representavam situações "grandes": grandes desafios, grandes finais e grandes guias. Também sentiu uma relação com mulheres poderosas nos Dez, mesmo que os Dez do baralho dele não representem mulheres. "Na próxima vez que eu tirar um Dez, vou interpretá-lo como sinal de que algo muito maluco pode aparecer para me confundir. E, se for preciso, vou pedir conselhos a uma mulher. Talvez minha avó."

Quarenta mini livros de imagens

Uma das maiores dádivas dos Arcanos Menores é a amplitude da história contida em cada carta. Cada uma pode ser uma leitura em si mesma, pois contém um início, um meio e um fim. Waite, inclusive, chegou a dizer a respeito dos Arcanos Menores: "A mera força numérica e vocabular dos significados é insuficiente por si só; mas as imagens são como portas que se abrem para recintos inesperados ou como uma curva na estrada, com ampla perspectiva além".[2]

Para verificar o significado dessas palavras, repasse seu baralho e retire a primeira carta dos Arcanos Menores que aparecer. Sem querer adivinhar qualquer mensagem profética, apenas observe com atenção o que acontece na carta. Se ela tiver personagens, o que elas estão fazendo? Estão cooperando ou brigando? Parecem alegres, serenas ou angustiadas? Que sensações as cores lhe transmitem? Apresentam-se em tonalidades quentes que despertam sentimentos de aconchego e conforto ou refletem um calor sufocante? São de tons mais frios, sugerindo uma situação hostil ou um alívio reanimador?

No 8 de Espadas, uma mulher vendada está cercada de espadas, quase como em uma gaiola. Um filete de água corre a seus pés. Atrás dela há um castelo. O cenário é cinzento. A situação parece inóspita, mas não impossível. Apresentei essa carta a uma das minhas alunas, Tynesha. Baseada nessa imagem, ela contou a seguinte história:

"Uma mulher vive um momento difícil. Suas roupas parecem limpas, embora ela esteja amarrada e não possa ver nada. Ela pode sentir as espadas ao seu redor, mas não sabe que há, de fato, uma abertura entre elas. Não há vegetação no solo, mas a água corrente me faz pensar que alguns tufos de capim podem crescer não muito longe dali. Ela não parece estar bem amarrada; a corda dá a impressão de estar quase se soltando".

Depois de construir a história de sua carta dos Arcanos Menores, comece a conversar com as personagens principais. Diga-lhes o que está acontecendo na situação em que se encontram. Lembre-se de mencionar se você vê alguma coisa acontecendo com elas no futuro, como Tynesha fez com o 8 de Espadas: "Você está passando por um momento difícil, mas não é tão ruim quanto pensa. A situação não é tão difícil quanto imagina. Você pode se livrar das amarras e da venda com um pouco de esforço. As espadas a seu redor não são uma gaiola".

Em seguida, tome a história que você acabou de contar às personagens da carta e transforme-a em afirmações com "Eu":

Tynesha sobre o 8 de Espadas: "Estou passando por um momento difícil, mas não é tão ruim quanto penso. A situação não é tão difícil quanto imagino. Posso me livrar das amarras e da venda com um pouco de esforço. As espadas ao meu redor não são uma gaiola".

Quando contou essa história, Tynesha não tinha a percepção de que a mensagem central se aplicasse particularmente a ela. Contudo, mais tarde naquela semana, ela ouviu falar que havia um cargo vago na empresa (o que significaria uma promoção) e se candidatou. Mas o processo só acabou depois de a empresa entrevistar vários outros interessados. Tynesha então se perguntou se talvez tinha deixado a desejar na entrevista.

Frustrada, concluiu que não havia nada que pudesse fazer e pensou em desistir de lutar pela posição. Aí se lembrou da mensagem da única carta lida na autoleitura: "Estou passando por um momento difícil, mas não é tão ruim quanto penso. A situação não é tão difícil quanto imagino. Posso me livrar das amarras e da venda com um pouco de esforço. As espadas ao meu redor não são uma gaiola". Em vez de desistir, pediu uma reunião com o chefe, durante a qual apresentou algumas ideias relacionadas à empresa e reforçou o interesse pela posição. Algumas semanas depois, recebeu uma promoção diferente, ainda mais importante que a posição para a qual se candidatara. Para ela, a lembrança da mensagem recebida do 8 de Espadas ajudou a abrir uma segunda oportunidade maravilhosa.

Trabalhando com o baralho inteiro

Podemos, por fim, reunir todos os Arcanos Maiores e Menores em uma leitura! Embaralhe todas as cartas e vamos começar!

Roteiro (leitura com três cartas)

O que segue é um exercício introdutório sobre o uso conjunto de cartas dos Arcanos Maiores e Menores.

Primeira parte

Misture as cartas do baralho e tire três delas ao acaso. Esta é uma leitura simples, prevendo que as três cartas narrem uma só história: início, meio e fim. Em vez de encarar a leitura com uma pergunta específica em mente, leia as três cartas em todos os detalhes como uma história em quadrinhos. Neste primeiro exercício, ignore as inversões. Parte disso consistirá em esquecer o que você chegou a conhecer sobre as cartas individuais até o momento.

Primeiro, vamos fazer uma leitura para uma situação hipotética. Imagine que você está fazendo uma leitura para uma pessoa que encontre ao acaso (não você mesmo). Observe as cartas como se fossem o roteiro de um filme. Qual é o enredo da história? Quais são alguns dos temas principais? O que você vê como o maior obstáculo da história? Que lição você acha que a personagem principal deve aprender? De novo, para este exercício, ignore possíveis cartas invertidas.

A leitura de Laura

"Na carta O Julgamento, alguém, talvez um juiz, está tomando uma decisão. Ele me lembra o Arcanjo Miguel, em luta pelo mundo do 9 de Ouros, que irradia luz e abundância. A mulher no 9 de Ouros recebe seu poder do anjo na carta O Julgamento, que lutará para mantê-la protegida e confortável. O 3 de Ouros parece contar a história da carta O Julgamento e do 9 de Ouros em retrospectiva. Uma personagem ensina a outras duas lições sobre a verdade e o poder e como preservar a ambas. Algo relacionado ao roxo e ao dourado no professor (o 3 de Ouros) me leva a pensar que essa personagem possui compreensão profunda. As outras estão envoltas em beleza, mas não se apresentam de mãos vazias. Têm coisas a oferecer, além de aprender. A que veste laranja pode ser um profeta em formação."

Moral da história de Laura: "Existe bondade. Existe riqueza. Vale a pena lutar por essa bondade e essa riqueza tanto no céu como na terra".

Agora, procure fazer essa leitura para você mesmo com apenas esta pergunta em mente: *"Qual é a minha história atual?"*.

Segunda parte

Tire outras três cartas. Ignore as invertidas.

Leitura seguinte de Laura

"Vejo A Sacerdotisa como alguém que desejo me tornar. Mas, sendo ela o início da história, é como se eu fosse ela e também estivesse me tornando ela. A cruz que ela usa me lembra como aceito meu eu de professora. [Laura é professora adjunta em uma pequena faculdade.] Estou elaborando o plano de ensino de uma turma para a qual começo a lecionar em alguns dias, e, embora esteja sendo muito cansativo, essa carta abranda esse cansaço e mostra como sou abençoada por essa oportunidade. Em definitivo, vejo A Sacerdotisa como o tornar-se, mas há o *sou* com que estou me debatendo. Eu sou ela, mas me recuso a sê-lo. Se fico muito tempo pensando em quem sou, em vez de simplesmente ser, posso deixar de fazer um bom trabalho.

"O 6 de Copas me traz à lembrança tanto a criança que fui e ainda sou quanto aquela que talvez gostaria de ter sido. Eu, de fato, amo essa imagem infantil. (O 6 de Copas RWS mostra duas pessoas, supostamente crianças – a maior entregando um cálice para a menor.) Creio que me identifico com a criança pequena, embora eu sempre tenha sido a grande. A pequena está recebendo algo sustentador de alguém que gosta dela.

"Observando o Valete de Paus, sinto como se houvesse em mim uma jornada. O gorro que ele usa me lembra a carta do Julgamento na leitura anterior que me lembrou o Arcanjo Miguel, com o qual me identifico muito. Miguel derrota Satanás, pisando-o. Todos precisamos ter consciência do modo como pisamos Satanás. O bastão parece natural – veja as folhas brotando! Ele é um Valete, não A Sacerdotisa, o que me indica que tenho maior acesso ao que ele representa dentro de mim, assim como tenho acesso a essa figura que vai compartilhar o que quer que esteja na taça [referindo-se ao 6 de Copas]. Ele me diz que o que quer que seja que estou tentando fazer é muito mais acessível do que me permiti acreditar."

Qual é a moral da leitura de Laura? "Deixe-me ser. Esforço-me para ser grande demais. Esqueço-me de que sou uma pessoa que precisa de cuidados – alguém que precisa de beleza, não apenas para os outros, mas também para mim mesma. Meu treinador diz que devemos nos abrir para os espaços do desejo, mas muitas vezes interrompemos essas novas narrativas com pensamentos como 'Não, você não merece isso, não está pronta para isso...' e sabotamos o bom trabalho que está acontecendo para nós. Acredito que essas três cartas estão me dizendo para trabalhar na composição de uma nova narrativa e atingir um nível elevado. Esse parece meu hábitat."

Terceira parte

Finalmente, faça a leitura com uma pergunta específica em mente. Como verá com a leitura de Anouk a seguir, você pode tirar mais cartas para complementar as informações. Tire só três cartas a princípio e outras apenas se for de fato necessário. Se está familiarizado com cartas invertidas, pode utilizá-las nesta versão da leitura. Também não há problema em desconsiderá-las.

Leitura de Anouk

Anouk namorou Erick por cerca de seis meses. Não está certa se deve continuar o relacionamento ou participar da viagem que planejaram juntos. Primeiro, ela se concentrou em uma única pergunta: "Devo ficar com Erick ou terminar o relacionamento?"

No 7 de Copas, Anouk observou a silhueta escura se aproximando de uma nuvem de sete taças, cada uma com objetos muito diferentes saindo delas. Alguns parecem sinistros, outros abundantes e esperançosos, mas algo em relação a todos eles parece místico, com destaque para as joias, a guirlanda, o dragão e a cobra. O desconhecido nesta carta é a identidade da pessoa. "Elas estão totalmente no escuro! As Copas estão como se revelando, de certa forma, mas há muito mistério, indecisão e ambivalência. Talvez essa personagem esteja sobrecarregada de escolhas", comentou. Anouk imaginou que as taças representavam as contribuições que Erick trouxera para o relacionamento no início: dedicação, música, inteligência, atenção e até riqueza. Contudo, mesmo entre todas essas coisas, Anouk sente que há muito mais mistério em torno de Erick do que ela acha que deveria haver depois de seis meses juntos.

"Um homem dançando... talvez seja um bobo da corte?", perguntou-se Anouk sobre o 7 de Espadas. Com cinco espadas entre os braços, a personagem parece feliz, exultante; mas está dançando em um espaço separado do restante da festa. "À primeira vista, a carta passa uma ideia de alegria... mas a personagem está furtando as espadas? Não tenho certeza do que essa pessoa está fazendo ou para onde está indo. Nem mesmo parece que faz parte da carta." Com essa carta, lembrando-se de Erick, Anouk deu-se conta de que não tem uma ideia clara das intenções dele no relacionamento.

Anouk sentiu-se atraída pela imagem da mulher segurando um pássaro no 9 de Ouros. "Vejo serenidade, esperança, abundância e prosperidade no meio ambiente, mas há um ar de desolação em seu rosto quando ela olha para o pássaro. É como se algo em sua mente estivesse em conflito com a felicidade no restante da carta." Anouk também pensou que a personagem poderia estar esperando alguma coisa, algo relacionado aos sentimentos dela de estar em um padrão de retenção no relacionamento. Ela não queria desistir da relação, mas a sensação de conforto no ambiente da carta era algo que ela percebia estar buscando fora do relacionamento. Para Anouk, cartas invertidas indicavam a necessidade de prestar mais atenção às imagens. Assim, viu esse 9 de Ouros invertido como preocupações profundas não manifestadas antes.

Anouk concluiu que a leitura refletia e esclarecia alguns sentimentos confusos, mas não respondia à pergunta se deveria permanecer no relacionamento. Então tirou uma quarta carta e a colocou abaixo das três.

A espada invertida, talvez cravada na terra, transmitiu a Anouk uma mensagem muito clara e imediata: "Está terminado! Acabou!" Anouk acreditou que o tarô estava lhe dizendo que o relacionamento havia seguido seu curso. Infelizmente, concordou com a mensagem.

Mas ela queria saber mais. Algumas semanas antes da leitura, Erick fizera reserva para as férias de ambos na costa oposta. Ela deveria ir sabendo que seu coração não estava mais nesse relacionamento? Deveria cancelar, mesmo que isso significasse que ele perderia muito dinheiro? Deveria esperar e ver o que aconteceria entre eles nas próximas semanas?

Anouk tirou mais três cartas:

"Esta leitura parece um arco!", disse. "Há celebração, expressão da verdade e depois cama."

O 4 de Paus comunicou-lhe a realização de uma festa. "As personagens estão provavelmente recepcionando alguém, mas também poderiam estar acenando despedidas." Na carta A Lua, Anouk concentrou a atenção no lagostim saindo da água, como "se encaminhando para uma trilha bem iluminada, se conseguir passar pelos cães latindo".

As duas cartas juntas sugeriram a Anouk que algo que se apresenta como brilhante e alegre tem um lado perigoso ou doentio. Por sua vez, o Rei de Ouros está sentado no trono vestindo uma túnica toda adornada, mas Anouk observou que os olhos poderiam estar fechados. "Ele é poderoso, mas também passa uma sensação de ameaça." Na posição invertida, a reação visceral de Anouk foi que a mensagem da carta era o oposto da imagem que ela via no Rei de Ouros em posição normal. Invertida, significava falta de poder, vulnerabilidade e possível perda de controle. A leitura sugeriu que viajar poderia ser uma má ideia, mas era possível que ela precisasse fazer a viagem e ver a má ideia se concretizar? Isso ajudaria sua transição para fora do relacionamento?

Anouk tirou mais duas cartas.

A primeira foi o Cavaleiro de Paus, uma carta que ela viu como movimento rápido e determinação. "Esse é um movimento rápido para longe de algo, ou algo correndo atrás de mim, não querendo que eu vá embora?" A segunda carta foi a Torre invertida. "As pessoas estão pulando para não se queimar. Mas quando está invertida é pungente e interna. Revela medo – meu medo que quer que eu me contenha e não aja."

Na autoleitura de Anouk, o Cavaleiro representou o momento para fazer o que deve ser feito, enquanto A Lua sugeriu clareza e honestidade. "Somente depois de dizer e revelar a verdade é que as coisas podem ser esquecidas e concluídas adequadamente." Embora Anouk sentisse que o Cavaleiro de Paus expressava melhor seus sentimentos verdadeiros, algo ainda lhe dizia para não se apressar em romper. Ao refletir sobre o Ás de Espadas invertido e a mensagem "Está terminado! Acabou!", Anouk se deu conta de que sua reticência, que outrora rotulara como "bom senso", era, na verdade, medo de mudar e magoar Erick. Sair de férias com Erick apenas adiaria o inevitável. Ao término da leitura, ela decidiu cancelar as férias e por fim terminou o relacionamento. Embora difícil, a leitura confirmou que essa fora a decisão certa.

Lembretes para este exercício:

- ♦ Preste atenção aos números. A resposta que você procura pode muito bem estar na quantidade de vezes que determinado número aparece na leitura. Não pule os exercícios ao estabelecer sua relação com as cartas numeradas.
- ♦ Tirar algumas cartas de esclarecimento pode ajudar se uma mensagem for confusa, mas não tire cartas em demasia. Recomendo não mais que sete cartas esclarecedoras a mais: três para a leitura inicial, uma para cada uma dessas três e uma

carta mensageira final. Tirar mais cartas que isso causará ainda mais confusão. Caso tire as sete cartas esclarecedoras e ainda não entenda a mensagem verdadeira, anote as conclusões da leitura, "desligue" e volte a refletir sobre o assunto mais tarde.

- Se sua consulta se referir a algo que lhe causa muita angústia, é melhor esperar até se acalmar antes de fazer a autoleitura. Pode ser que haja mais informações sobre a situação, informações que você ainda não tem, mas que o tarô tem condições de revelar. Dando-se tempo, os fatos virão à tona e farão mais sentido.

As cartas numeradas dos Arcanos Menores não contêm imagens cênicas

Alguns baralhos não apresentam personagens nas cartas numeradas dos Arcanos Menores, exibindo apenas imagens literais do naipe numerado, como seis varas para o 6 de Paus ou oito vasos de algum formato para o 8 de Copas, à semelhança de um baralho comum. Se você trabalha com um baralho desse tipo, pode ser útil rever o exercício de palavras-chave. Apesar dos exercícios, atribuir palavras-chave a cartas sem figuras pode ser difícil. Mesmo assim, esses baralhos oferecem muitas possibilidades. Se seu baralho não inclui personagens nos Arcanos Menores, pode ser prático imaginar uma escala situacional para cada uma das cartas numeradas. Por exemplo, o Ás pode significar "mínimo", e o Dez, "máximo". Ou talvez você prefira ver o Ás como a última carta e definir sua escala de 2 a 10, seguida pelo Ás. Talvez queira atribuir determinadas situações a números específicos. A escolha é sua.

Um exemplo de escala pode ser:

Ás até Três	Situações leves ou pequenas
Copas	Pequenos grupos de amigos, romance desenvolvendo-se ou afetos diminuindo, dependendo da situação.
Paus	Semente de interesse, pouco entusiasmo, alguma atividade, paixão aumentando ou diminuindo.
Espadas	Conflito ou problema pequeno, pequenas mudanças ou movimentos.
Ouros	Pequenas quantidades de recursos, fraqueza.
Quatro a Sete	**Situações moderadas**
Copas	Emoções ou relacionamentos ativos ou em crescimento.
Paus	Entusiasmo, mas não energia avassaladora, possivelmente alguma colaboração.
Espadas	Conflito aumentando, mas controlável, ação ou comunicação volumosa, com mais espaço para crescer.
Ouros	Estabilidade, potencial para expansão e melhoria.
Oito a Dez	**Situações severas**
Copas	Amor abundante, novo capítulo do coração, amigos generosos.
Paus	Energia exuberante, poder imenso, habilidades dinâmicas.
Espadas	Conflito intenso ou em fase de solução, mudança rápida e extrema.
Ouros	Riqueza, conforto, saúde, solução de uma situação material ou física.

Digamos que você tenha alguma dúvida sobre a saúde da família em geral. Tira cinco cartas e recebe A Imperatriz, a Rainha de Paus, o 10 de Copas, o 7 de Copas e o 9 de Espadas. Retoma o que sabe sobre o naipe elementar e as impressões que atribuiu a cada uma dessas cartas, seja por associações de palavras-chave ou pela escala móvel. A Rainha de Paus e A Imperatriz parecem sugerir que mais atenção deve ser dada às mulheres da família, talvez aquelas com papéis maternos como sua mãe, suas tias ou suas avós. Mas que tipo de atenção?

Se você classificou os Dez como os números de maior valor e intensidade, o 10 de Copas sugere intenção e atenção fortes. No entanto, o 7 de Copas, situado em posição mais moderada da escala, recomenda certa cautela, talvez restringindo um pouco uma ação mais precipitada. O 9 de Espadas se situa no fim da escala, indicando gravidade, e as próprias Espadas sugerem situações ou conversações difíceis. Talvez essa seja uma indicação da gravidade da situação de saúde na qual o 7 de Copas será útil, de modo que a comunicação a respeito dela não acabe em lágrimas ou desentendimentos.

Digamos agora que você não tenha uma pergunta específica em mente, mas gostaria de fazer uma leitura sobre os acontecimentos da próxima semana. Então tira quatro cartas:

1. Tema geral da semana: 6 de Espadas.
2. Maior desafio da semana: Ás de Paus.
3. Maior benefício ou oportunidade da semana: 2 de Copas.
4. Melhor forma de abordar os fatos da semana: 10 de Espadas.

Com base nessa leitura, já podemos ver que a semana pode envolver mais trabalho que lazer, mas esse trabalho pode não render muito dinheiro, já que não há Ouros! As Espadas variam de moderadas a severas, mas digamos que nessa situação você as entenda como movimento e ação. O 6 de Espadas moderado pode significar que o tema geral da semana é certa estagnação. As coisas não estão totalmente paradas, mas também não estão movimentando de fato. O desafio é o Ás de Paus. Se, para você, o naipe de Paus significa poder e energia, essa carta pode significar que a energia pode estar baixa nesta semana (a menos que entenda que o Ás representa energia *máxima*, então talvez ela seja uma espécie de energia de panela de pressão – energia demais em um recipiente muito pequeno!). O benefício é que há certa influência emocional disponível – por meio do 2 de Copas. A melhor maneira de encarar a semana, conforme o 10 de Espadas, é tocar em frente com todas as forças.

Prática com cartas numeradas invertidas

As cartas invertidas dos Arcanos Menores oferecem as mesmas oportunidades de inspiração mais profunda que outras cartas invertidas. Tal como acontece com os Arcanos Maiores ou com as cartas da corte, uma carta numerada invertida dos Arcanos Menores pode indicar um problema interno ou oculto, uma versão alterada da carta na posição normal ou o oposto da leitura. Como mencionou Anouk em sua leitura, uma carta invertida pode ser uma advertência para prestar mais atenção à mensagem que ela traz.

Um método fácil para ler uma carta invertida dos Arcanos Menores é observá-la por meio do naipe elementar. Digamos, por exemplo, que você acabou de ter o primeiro encontro e está curioso para saber se haverá futuros enlevos com a pessoa. Caso tirasse uma carta numerada invertida dos Arcanos Menores, veja alguns possíveis significados:

- ♦ Copas invertidas: Pouca ou nenhuma possibilidade de relacionamento.
- ♦ Paus invertidos: Ausência de química.

- Espadas invertidas: Laços remanescentes do passado.
- Ouros invertidos: O relacionamento não tem potencial de longo prazo.

Em uma leitura sobre um emprego ao qual se candidatou recentemente, você poderia ver uma carta numerada invertida dos Arcanos Menores da seguinte maneira:

- Copas invertidas: O trabalho pode não estar de acordo com seus objetivos profissionais – e você pode até rejeitá-lo.
- Paus invertidos: O trabalho será monótono ou oferecerá poucas oportunidades de crescimento.
- Espadas invertidas: O trabalho não terá concorrência, o que pode ser positivo – ou entediante.
- Ouros invertidos: O trabalho não assegura um futuro próspero.

Cartas invertidas em suas autoleituras

Para examinar um pouco mais o que cartas invertidas podem significar em suas autoleituras, separe as 40 cartas numeradas dos Arcanos Menores, vire-as todas de cabeça para baixo e embaralhe-as, mas não as "folheie". "Folheá-las" faria com que algumas voltassem à posição normal, e no momento estamos trabalhando apenas com cartas invertidas. Deixe as cartas de lado por um instante e reflita sobre as situações a seguir. Depois de identificar um exemplo para cada situação dessas, tire uma única carta para cada exemplo. Vire a carta ao inverso e aplique-a à situação.

Micheline

Uma das minhas alunas, Micheline, ficou chateada com o namorado. Ele a pressionara a parar de fumar durante um bom tempo, até que ela por fim parou, mas ele não valorizou essa vitória. Ela tirou o 7 de Copas invertido.

"Isso faz sentido, porque quando observo todas as Copas nessa carta vejo muita atenção e celebração. Então, se a carta está invertida, essa celebração não existe." Para Micheline, o 7 de Copas invertido é uma carta de tristeza, o contrário da felicidade que ela vê no 7 de Copas na posição normal.

Alex

Outro aluno meu, Alex, em conversa particular, mencionou que o apartamento dele ficara recentemente infestado de percevejos. Ele tirou uma carta para representar esse segredo, o Ás de Ouros invertido.

"É um segredo dispendioso", disse. "Perdi muito dinheiro substituindo móveis e roupas. Se continuar recebendo essa carta invertida, acho que vai significar uma perda que preciso manter oculta, em especial de alguma coisa relacionada à residência e à família."

Eu mesma

Tirei esta carta para mim mesma.

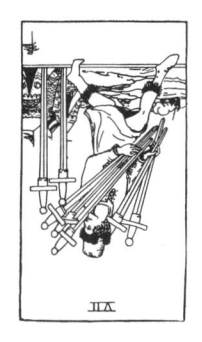

"Enquanto escrevo, estou esperando para fazer o *check-in* no hotel. Assim que cheguei, me disseram que o quarto ficaria pronto em 15 minutos, mas mais de uma hora já se passou. É um inconveniente sem maior importância, para ser justa, mas mesmo assim um inconveniente."

Muitas vezes vejo o 7 de Espadas como pesado e potencialmente opressivo. No entanto, invertido, reflete minha situação. É irritante esperar por um quarto quando estou precisando descansar e tomar banho. Contudo, estou em um ambiente confortável e não há nenhuma grande urgência de ir para o quarto de imediato. Posso acrescentar à minha coleção de interpretações que o 7 de Espadas invertido é um lembrete de que o que pode parecer um grande problema no momento talvez não o seja.

• • •

Este exercício consolidará seus próprios significados para as cartas, mas, mais que isso, abrirá sua imaginação para as possibilidades inerentes a cada carta. O gancho para uma leitura efetiva é, antes de tudo, manter uma relação básica com o significado geral da carta e com o modo como a situação atual molda esse significado. Essas duas coisas são importantes. Se ignorar suas percepções atuais da carta, você removerá o canal para informações prescientes. Se ficar apenas com a percepção atual e não se empenhar em aprender significados mais clássicos, suas autoleituras provavelmente serão confusas e vagas. A combinação desses dois aspectos possibilita uma estrutura e uma forma mais flexíveis nas cartas.

Segredo das autoleituras

Um dos aspectos frustrantes relacionados às autoleituras é que estas nem sempre fazem sentido no momento. Isso pode nos levar a pensar que não estamos lendo as cartas da maneira correta ou não somos capazes de ler para nós mesmos. Ponto. No caso de Tynesha, sua interpretação estava totalmente correta, mesmo que não pensasse assim na ocasião. A situação aludida pela carta não havia se manifestado por completo, apenas isso. Não ignore uma leitura apenas porque você não sabe ao certo a que ela se refere de início. É nesse momento que o diário de tarô será útil. Registre todas as leituras, mesmo as mais cifradas, e reflita sobre elas mais tarde, anotando como as situações acabaram evoluindo. Isso não só fortalecerá sua confiança na autoleitura como também ajudará a construir e expandir a linguagem própria do tarô.

CINCO

IDENTIFICAÇÃO DA VOZ DO TARÔ

Após a jornada pelos Arcanos Maiores e Menores, aprofundamos nossa relação com as cartas individuais, mas as autoleituras ainda podem oferecer algumas dificuldades. Uma das maiores é a dúvida: *Só estou vendo o que quero ver nesta leitura?*

Se a autoleitura prevê o resultado que queremos, podemos nos perguntar se não se trata apenas de um devaneio, de um desejo ilusório. Se revela um resultado alarmante, podemos nos perguntar se (ou esperar) não está apenas refletindo nossos medos, não a realidade. Um reflexo de nossos sentimentos pode por certo ser útil, mas às vezes precisamos mais de orientação que de reflexão. Neste ponto do livro, espero não parecer inconsequente quando digo que o tarô formará a própria opinião sobre as pessoas em nossa vida e as escolhas que fazemos. O maior desafio é soltar essa voz e separá-la das nossas projeções.

O tarô não é totalmente neutro, mas é bem objetivo. Imagine-o como uma vovó de 600 anos, recostada em sua poltrona reclinável e dizendo-lhe como a roupa que você veste se mostra ao mundo exterior pouco antes de ir a uma festa. Você percebe que a opinião é um tanto tendenciosa, talvez contaminada por certa noção de moda do velho mundo. Mas alguém que viveu seiscentos anos testemunhou o suficiente para ser objetivo, e, apesar das opiniões que você mesma sustenta, sabe que a vetusta vovó diz pelo menos uma centelha de verdade. No entanto, podemos estar tão imersos em nossas inseguranças que nos agarramos tão somente a uma palavra de crítica e ignoramos cinquenta palavras de louvor – ou vice-versa.

Assim, como ouvimos a voz do tarô e alcançamos essa sabedoria (geralmente) imparcial? Neste capítulo, vamos abordar formas de superar as projeções pessoais, abrir os ouvidos proverbiais e ouvir a sabedoria do tarô.

Comecemos com um exercício!

Carta do café da manhã

Embaralhe as cartas e relembre a última refeição feita. Peça ao tarô que descreva essa refeição por meio de uma única carta. Tire uma carta ao acaso:

Minha última refeição foi um pequeno café da manhã com torradas cobertas com manteiga de amendoim e uma xícara de chá. Ouço A Sacerdotisa dizendo: "A sensação está correta". Para mim, essas palavras significam que fiz a escolha certa em termos de alimentação.

Não tomei o café da manhã apenas por conveniência ou hábito. Tomei uma decisão apropriada e sustentadora.

Com base nesse exemplo, faça o mesmo exercício. Registre as opiniões do tarô sobre a última refeição que você fez. Seja criativo. Não se trata de "fazer a coisa certa", mas, sim, de explorar as possibilidades oferecidas pela carta.

Use a carta tirada para refletir sobre as seguintes questões em torno do último desentendimento que teve com alguém: Como a carta se relaciona com a situação e, se esta foi resolvida, qual foi a solução? Se não foi resolvida, o que a carta pode dizer sobre uma possível solução?

O último atrito que tive ocorreu duas noites atrás, quando me preparava para realizar um casamento. O responsável pelo local exigia respeito ao horário e aborreceu a noiva. Primeiro pedi a ele que saísse da sala. Como não deu ouvidos, mandei-o embora. Quando ele, por fim, se retirou, procurei acalmar a noiva. Estar vestida com minhas vestes clericais para resolver a situação foi para mim um exemplo claro da carta A Sacerdotisa.

Reveja sua última semana no trabalho, na escola ou em outros projetos ou responsabilidades. Como a carta se relaciona com os eventos da semana?

Estou escrevendo essas palavras logo depois do Samhain (Halloween). Durante o dia, trabalho em um seminário inter-religioso. Na semana passada, coordenei vários debates sobre as implicações do Samhain para minha comunidade de fé pagã. Falei com a imprensa diversas vezes, expondo minha visão do feriado. Minha fé e minhas práticas foram tema decisivo no trabalho, e assim a carta A Sacerdotisa faz todo sentido para mim!

Expulsar supervisores invasivos, difundir informações sobre uma crença e mesmo uma torrada com manteiga de amendoim... tudo isso alimenta minha relação pessoal com a carta A Sacerdotisa. Com essas ações, aprendi um pouco mais sobre a própria carta para minhas futuras autoleituras.

Com este exercício e os seguintes, amplie o que você sabe sobre as cartas e entre em sintonia com a imaginação. Se tiver ideias já elaboradas sobre o significado das cartas, sinta-se à vontade para extrair delas o que for proveitoso, mas não se apegue a elas. O objetivo desses exercícios é possibilitar às cartas a oportunidade de sempre lhe dizer algo mais sobre si mesmas.

A voz do tarô e a influência de outras pessoas

Neste exercício, vamos tirar cartas de forma deliberada e ao acaso. Para uma tirada aleatória, embaralhe as cartas e tire uma qualquer. Em uma tirada deliberada, observe as cartas viradas para cima e escolha de maneira intencional aquela que parece refletir a situação com mais exatidão.

Visualize uma pessoa do seu passado distante. Com essa pessoa em mente, repasse as cartas e selecione *deliberadamente* a que, na sua opinião, melhor descreve a pessoa na época em que você a conheceu. Em seguida, também de modo deliberado, escolha uma carta para si mesmo, a que você acredita que melhor descreve quem você era na época em que conheceu a pessoa.

Pensei em Lana, minha melhor amiga do quarto até o sexto ano. Lana era uma garota doce, muito estudiosa e disciplinada, emocionalmente bem madura para a idade. Cantava bem e se destacava na escola; eu não. Ela era muito popular entre as colegas; eu não. Eu nem sabia ao certo como e por que ela era minha amiga! Considerando sua natureza gentil e diligente, escolhi o Valete de Ouros – uma pessoa jovem dedicada e prática. Era assim que via minha amiga: alguém que fazia tudo certo, e eu admirava esse comportamento.

Valete de Ouros

Para mim, naquela época, escolhi o 10 de Paus: a personagem na carta atrapalhando-se para levar sua carga, debatendo-se e sendo incapaz de ver além dos obstáculos. Esse é um resumo bastante fiel da minha pré-adolescência!

Depois de selecionar as cartas que melhor descrevem você mesmo e uma pessoa do seu passado, deixe as duas cartas de lado e misture o restante do baralho. Peça ao tarô que descreva essa pessoa na época em que você a conheceu. Tire uma carta *ao acaso*. Faça anotações sobre as diferenças ou semelhanças entre a carta que você escolheu deliberadamente e a que o tarô apresentou de forma aleatória. Essas cartas representam o que você imaginava ser a situação e a opinião do tarô sobre a situação real. Faça anotações sobre o que o tarô diz sobre você e a pessoa escolhida do passado.

Para Lana, tirei ao acaso o 8 de Ouros. Em geral, vejo essa carta como tão diligente quanto o Valete de Ouros, mas para mim é uma carta mais de esforço que de talento natural. Talvez as conquistas da minha amiga não tenham sido tão fáceis quanto eu pensava na época. Talvez ela se esforçasse mais do que demonstrava. No entanto, escolhi uma carta de Ouros para representá-la, do mesmo modo que o tarô. Algumas coisas que sentia em relação a ela, como sua presença marcante e seu espírito aplicado, eram aspectos que o tarô também captou a respeito dela.

Siga o mesmo procedimento para a carta que você escolheu para representá-lo naquela época.

A carta que tirei aleatoriamente para mim mesma referente àquela época foi o 4 de Copas. A personagem de braços cruzados e fechados sugere que o amor e a aprovação estão disponíveis para alguém que não está aberto a recebê-los. Talvez essa personagem fosse eu, mas, pelo que me lembro, eu não era tão impopular. Talvez meus professores me aprovassem mais do que eu sabia. Talvez eu tenha sido um pouco intimidada pela minha amiga e não soubesse receber elogios à sombra dela.

O tarô sugere que as coisas não foram tão fáceis para Lana como eu acreditava e que não me saí tão mal acadêmica ou socialmente quanto me lembro. Não há como constatar isso, a menos que eu ligasse para alguém desaparecido há anos e dissesse: "Então... você *não era* um gênio completo?". Também não pretendo procurar colegas com os quais não tenho contato desde o sexto ano e dizer: "Então... você *não odiava* a coragem que eu exibia aos 11 anos? Seria uma atitude deplorável. Creio que só terei a palavra do tarô para isso!

Mas demos um passo adiante. Concentre-se em uma situação atual que o perturbe ou o surpreenda. Se, por felicidade, você não tem um problema dessa natureza, concentre-se em algum fato que esteja acontecendo com outra pessoa. Selecione deliberadamente duas cartas: uma para representar a situação e outra para representar como você (ou a pessoa envolvida) se sente em relação à sua posição nessa circunstância.

Brandi fez este exercício para analisar uma situação de trabalho difícil com um colega. Ela escolheu o Cavaleiro de Espadas para descrever a situação, pois achava que o colega sabotava de propósito suas atividades e ela precisava estar na defensiva, como a personagem da carta. Ele parecia não dar atenção às ideias dela, e ela achava que sempre precisava batalhar para obter reconhecimento por seu trabalho.

Para si mesma, Brandi escolheu o 6 de Ouros, pois ele lhe lembrava uma personagem que implorava por "migalhas" de reconhecimento, algo semelhante à situação dela com o colega.

Depois de escolher deliberadamente as duas cartas, deixe-as de lado e embaralhe as cartas restantes enquanto continua refletindo sobre a situação. Tire uma carta ao acaso para representar a visão do tarô sobre a situação geral. Em seguida, tire outra ao acaso para representar a visão do tarô sobre o papel que você desempenha na situação. Coloque-as ao lado das duas primeiras cartas e compare-as.

Brandi selecionou A Estrela para representar o colega e o 9 de Ouros para representar a si mesma. Sua interpretação das imagens foi que esse colega via nela um potencial de "estrela". Embora a comunicação dele pudesse sugerir o contrário, o fato de ele lhe dar mais trabalho não tinha o objetivo de sabotá-la, mas sugeria que poderia estar confiando nas capacidades dela sem alardes. O 9 de Ouros sugere conforto e estabilidade, então talvez Brandi tivesse condições de causar uma impressão positiva para a empresa por meio das oportunidades a ela propiciadas pelo colega. Seria possível que esse colega fosse mais um defensor do que Brandi sabia? Com essa autoleitura, Brandi decidiu se concentrar mais em fazer um trabalho de qualidade que em obter reconhecimento do colega. Se a voz do tarô era verdadeira, seu trabalho alcançaria reconhecimento suficiente por si mesmo.

Definição de um plano de ações por meio do tarô

A pergunta: "Só estou vendo o que quero ver?" não poderia ser mais complicada que no caso do uso do tarô como recurso para adivinhar o futuro. De modo especial, quando almejamos um resultado específico, pode ser difícil ouvir a voz do tarô. Como no exercício anterior, convém fazer este que segue, examinando antes uma situação passada.

Tome como exemplo um envolvimento romântico de sua história pessoal acontecido há muito tempo. Não é necessário que seja um grande amor. Um romance no acampamento de verão ou uma paixão passageira por um colega do jardim de infância é suficiente.

Escolha deliberadamente quatro cartas para representar:

1. Como vocês se conheceram.
2. Como se aproximaram. Caso não tenham se aproximado, escolha a carta que melhor represente o ocorrido.
3. O maior obstáculo na história de amor.
4. Como essa história terminou (se é que terminou).

Caso não tenha uma história de amor, recorra a uma de amizade, do primeiro emprego ou de algum outro fato. Qualquer que seja a escolha, esta deve ser de um passado remoto para possibilitar uma observação feita com neutralidade – se não com risos!

Meu exemplo é um breve romance que tive no ensino médio. Escolhi as seguintes cartas:

1. Como nos conhecemos: 5 de Paus – escolhi essa carta porque a vejo como a carta desordeira. O garoto e eu fazíamos parte de um grupo turbulento de amigos. Alimentei uma paixão secreta por um longo tempo.

2. Como nos aproximamos: 2 de Copas – a posição das personagens me lembra que compartilhei um segredo semelhante. Um dia, do nada, o garoto confessou que tinha uma queda por mim, e confessei minha paixão por ele.

3. O maior obstáculo na história de amor: Cavaleiro de Paus – depois de alimentar a paixão por muito tempo e, por fim, conseguir o que queria, "fui com tudo" – como o Cavaleiro de Paus, atropelando a situação como se estivesse no comando de um cavalo à frente de uma batalha.

4. Como terminou: 9 de Espadas – como qualquer pessoa diante de um cavalo em arremetida, o garoto ficou apavorado e rompeu o relacionamento. Dou à imagem dessa carta o título "chorando na banheira". Meu eu de 16 anos ficou devastado e humilhado.

Em seguida, tire ao acaso mais quatro cartas para as seguintes perguntas:

1. O que o tarô tem a dizer sobre as circunstâncias em que vocês se conheceram?
2. O que o tarô tem a dizer sobre as circunstâncias em que vocês se aproximaram, se é que houve aproximação? (Também conhecido como "o momento em que as faíscas se apagaram".)
3. O que o tarô tem a dizer sobre o principal obstáculo da história?
4. O que o tarô tem a dizer sobre o resultado final?

Disponha essas cartas ao lado das que foram tiradas deliberadamente. Compare e registre as observações.

Na minha leitura...

1. Como o tarô vê nosso encontro: 6 de Paus – como mencionei, eu pensava que éramos amigos bagunceiros, mas o tarô escolheu o 6 de Paus. Essa carta mostra alguém montado em um cavalo em meio a uma multidão, que parece chamar a atenção do cavaleiro. Talvez eu imaginasse que ele e eu éramos muito próximos, mas pode ser que ele me visse apenas como mais uma na multidão. Quem sabe não fôssemos tão amigos como eu acreditava.

2. Como o tarô vê as circunstâncias da nossa aproximação: 9 de Ouros invertido – Escolhi o 2 de Copas acreditando que o garoto e eu nutríamos os mesmos sentimentos. O tarô disse que éramos o 9 de Ouros invertido. Essa carta na posição normal mostra um jardim tranquilo, com árvores frutíferas. Invertida, porém, pode indicar ausência de paz. Talvez nossos sentimentos não fossem tão semelhantes quanto eu pensava.

3. Como o tarô vê o principal obstáculo da nossa história: Cavaleiro de Copas invertido – por muito tempo acreditei que nosso obstáculo era o Cavaleiro de Paus – eu "forçando a barra" cedo demais. No entanto, o tarô mostrou que o obstáculo é o Cavaleiro de Copas invertido. Para mim, esta é a carta do romance arquetípico, mas o fato de estar invertida me leva a acreditar que o garoto não tinha realmente interesse romântico, ou pelo menos não tinha o mesmo interesse que eu. Talvez não tenha sido eu a única responsável pelo malogro da situação toda. Também é possível que esse encontro estivesse fadado a ter curta duração. Como se tratava de um relacionamento dos tempos do ensino médio, essa circunstância talvez fale por si mesma!

4. Qual a opinião do tarô sobre o modo como tudo terminou: 5 de Espadas invertido – escolhi o 9 de Espadas para representar minha tristeza, além da culpa que me atribuía pelos desdobramentos da situação. Mas o tarô apresentou o 5 de Espadas invertido. Vejo essa carta como uma de responsabilidade: uma personagem recolhe espadas caídas, mas deixa algumas para

trás, talvez para as pessoas que estão ao fundo. Invertida, porém, talvez mostre que não fui totalmente responsável como pensei. Ela reitera o que as demais cartas indicavam – para começar, o garoto nunca se interessou de fato por mim, de modo que, mesmo que eu tivesse sido a namorada totalmente perfeita, talvez ele não ficasse comigo por muito tempo.

Examinando a própria situação em retrospecto, como a opinião do tarô ajuda você a ver as coisas com mais clareza? O que ele confirma? Que novos aspectos traz à luz?

A voz do tarô para uma situação atual

Este exercício pode ser aplicado a situações atuais, em especial às que envolvem romance.

O relacionamento de Marisol encontrava-se em uma encruzilhada estranha. Ela conhecia o tarô, mas não havia praticado até então. Fez sua leitura seguindo os passos do exercício anterior. Estas são as cartas que selecionou:

1. Como Marisol conheceu o namorado, Rafa: 10 de Ouros – Marisol escolheu o 10 de Ouros porque as duas pessoas ao fundo lhe lembraram as variáveis aleatórias que a levaram a

conhecer Rafa. Foi um encontro improvável. Eles poderiam ter se esbarrado com a maior facilidade. Ela imaginou que os Ouros representavam estrelas em alinhamento.

2. Como Marisol e Rafa se aproximaram: 3 de Copas – Marisol escolheu o 3 de Copas porque acredita que "há três entidades em um relacionamento: duas pessoas e um terceiro corpo, um corpo etéreo, quando as pessoas entram nesse espaço". Quando ambos sentiram essa terceira presença etérea, pararam de namorar outras pessoas e se concentraram apenas um no outro.

3. O maior obstáculo na história de amor: 10 de Paus – Marisol escolheu o 10 de Paus ao considerar que a personagem andando cegamente com uma braçada de galhos, incapaz de ver a bela vila à frente, indicava as dificuldades que ambos tiveram para se desfazer da bagagem emocional de rompimentos amorosos anteriores. Essa bagagem parecia deixá-los cegos, impedindo-os de seguir adiante. Como essa é uma leitura sobre uma situação atual, a quarta carta não tratará da conclusão (como aconteceu na leitura anterior), mas se concentrará nos próximos passos a serem dados para um resultado positivo.

4. Melhor curso de ação: 2 de Espadas – Marisol entendeu que o futuro dela e de Rafa não estava claro. Em sua mente, continuar significava um salto de fé. Para ela, a mulher com olhos vendados no 2 de Espadas parecia bastante tranquila, apesar de não estar no controle da situação. Essa condição ecoava em Marisol, que disse se sentir calma em relação ao andamento das coisas, embora o resultado fosse obscuro.

Depois de escolher deliberadamente as quatro primeiras cartas, Marisol embaralhou as demais, refletindo sobre as questões expressas nas quatro primeiras, para invocar a voz do tarô. As cartas aleatórias que tirou estão na página 189:

1. Como o tarô vê o encontro de Marisol e Rafa: Rainha de Ouros – a escolha da Rainha de Ouros feita pelo tarô mostra uma mulher com o mundo nas mãos. Marisol observou, porém, que a imagem viva e verdejante também refletia um pouco de tristeza. Talvez o encontro dela com Rafa não tenha sido tão casual quanto ela pensava. Talvez ela tivesse mais poder de sedução do que acreditava ter, o que atraiu o jovem.

2. Como o tarô vê as circunstâncias da aproximação deles: Rei de Espadas – esta carta impressionou Marisol de modo intenso, decisivo e determinado. Embora ela, a princípio, pensasse que a decisão de assumir o relacionamento era mútua, a voz do tarô sugeriu que o "terceiro corpo" poderia ser a pressão social para "escolher alguém agora", em decorrência da idade de ambos. Até o momento da leitura, não lhe ocorrera que isso poderia causar estresse contínuo na relação.

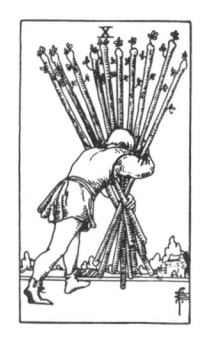

3. Como o tarô vê o principal obstáculo da história deles: 5 de Ouros – Marisol achou que o 5 de Ouros mostra doença e ambiente de abandono e extravio – mas que há também brilho. A carta sugere espírito de fé. Ela notou como as personagens tinham visão mais clara do caminho, mesmo que a viagem fosse prejudicada pela neve. Sentiu-se esperançosa. Talvez os obstáculos ao relacionamento não fossem tão difíceis quanto ela achava que poderiam ser.

4. Como o tarô vê o melhor curso de ação: 9 de Espadas – as imagens semelhantes da mulher de olhos vendados tanto na carta escolhida por Marisol quanto na que o tarô definiu para a situação mostram um espírito de luta para encontrar um caminho, embora ela não consiga ver para onde se dirige. O tarô parecia concordar com Marisol no sentido de que ela fizera tudo o que podia para melhorar o relacionamento, e agora a futura caminhada deveria ser decidida pelo Universo.

Marisol concluiu que a mensagem geral da voz do tarô era que, se ela e Rafa não fossem cuidadosos, algo com grande potencial para o amor poderia se perder. Como as cartas oferecidas pelo tarô eram muito semelhantes às que ela mesma escolheu, essa leitura serviu para confirmar a clareza de sua percepção quanto ao que estava acontecendo na relação.

Leitura para uma situação futura

Neo recebeu um convite para ministrar aulas de yoga em um centro comunitário perto da casa dele. Estava curioso para saber se a clientela e a gerência teriam abertura para ele e seu trabalho. Seria interessante aproveitar essa oportunidade? Ela contribuiria para a atividade que ele exerça? Qual seria o resultado de um trabalho desenvolvido em um centro comunitário?

As escolhas de Neo

Primeiro, deliberadamente, Neo escolheu uma carta para representar o espaço em questão.

A LUA

Neo escolheu A Lua para representar o espaço porque associa essa carta à criatividade, a acontecimentos e a ocorrências; além disso, ela também surpreende. "Esta é a carta 'Quem sabe o que vai acontecer?'", disse.

Em seguida, escolheu A Roda da Fortuna para representar suas maiores esperanças em relação à oportunidade.

A RODA DA FORTUNA

Neo esperava que essa oportunidade ampliasse seu *networking* e seu *mailing*, abrindo espaços de ensino em outros lugares. Escolheu A Roda da Fortuna porque associa essa carta à sorte, aos acasos felizes e à expansão de relações.

Terceiro, escolheu o 5 de Ouros para representar seus maiores medos relacionados a essa oportunidade.

"Receio perder meu tempo!", disse. É necessária muita energia para planejar um currículo de yoga, e ele não queria que seus esforços fossem desperdiçados e sem perspectivas. Escolheu o 5 de Ouros porque acredita que a carta indica pobreza, negligência e falta de conexão.

Observação: Ao aplicar este exercício em leituras de caráter mais profético, não deixe de levar em consideração suas próprias expectativas. Estas provavelmente serão diferentes das de suas esperanças e seus medos. Podemos ter mais esperança, que implica menos certeza e mais confiança, que expectativas, que implicam mais certeza e antecipação. Podemos ter menos medo quando de fato nos harmonizamos com nossas verdadeiras expectativas.

Em quarto lugar, Neo escolheu o Cavaleiro de Ouros para representar suas expectativas reais sobre o sucesso do empreendimento.

Cavaleiro de Ouros

Para Neo, o yoga é uma prática de natureza mais espiritual que atlética. A atitude lenta e determinada do Cavaleiro de Ouros chamou sua atenção porque ele acreditava estar empenhado em ser um guru e um homem de negócios. "Há um 'obstáculo' em que ainda estou trabalhando", acrescentou. Mencionou ainda que, no ano anterior, teve pouco êxito em atrair pessoas para as aulas. O ensino no centro comunitário poderia ajudá-lo realmente a pagar as contas? Neo escolheu o Cavaleiro de Ouros para representar suas esperanças positivas nesse sentido.

O que o tarô pensa da situação de Neo?

Escolhas do tarô

O centro comunitário

Neo ficou satisfeito com a escolha do Valete de Ouros feita pelo tarô. A carta o levou a pensar em ofertas e dinheiro. "Aproveite a oportunidade que se apresenta!", disse.

Valete de Ouros

A maior oportunidade

"Isso é meio estranho... o 2 de Ouros me lembra uma visão que tive em uma previsão do futuro[1] (consulta mediúnica) com São Cipriano.[2] Nessa visão, uma mulher em trajes elegantes me convidava para entrar em um salão onde minha noiva e eu íamos participar de um baile. Eu não estava preparado para dançar. Isso me lembra o fato de não estar preparado. Esse espaço será um bom lugar de preparação... para dar os passos certos."

Possível dificuldade

Neo tirou A Sacerdotisa e a viu como a pessoa que dirige o centro. Lembrou-se novamente da visão mencionada e de que nela a elegante mulher que os convidara a entrar no salão tinha a língua bifurcada e, portanto, não podia ser confiável. "Esta carta me diz que devo ter cuidado", comentou. "Nem todas as pessoas com as quais vou trabalhar no centro serão sinceras e desejarão o melhor para mim."

A experiência geral de Neo

"Isto vai mudar tudo", disse Neo. "No meu negócio, no meu relacionamento, em tudo na minha vida, em tudo em mim mesmo. Houve um antes disso e haverá um depois disso."

Como A Morte é intensa e profunda, mas também bastante enigmática, Neo tirou uma carta esclarecedora para tentar descobrir outros aspectos envolvendo essas mudanças.

Carta esclarecedora

A Torre indicou-lhe que a nova atividade seria uma grande virada em sua vida, talvez grande demais para abrangê-la de uma só vez. "Quem imaginaria que ensinar yoga em um centro comunitário viraria tudo de cabeça para baixo?"

Neo tirou mais uma carta para resumir a leitura: o que mais lhe conviria? Que ações deveria empreender para alcançar seu maior potencial e bem-estar? Recebeu o 6 de Espadas.

"Preciso agir com sutileza e cautela, preparando-me o melhor possível. Essa será uma aventura muito maior do que inicialmente imaginei", concluiu.

• • •

Observações sobre a aplicação desse exercício

Marisol e Neo fizeram perguntas simples e diretas sobre suas situações e construíram leituras adaptadas ao que precisavam. Ao abordar o tarô com suas perguntas, seja objetivo, direto e honesto sobre o tipo de informação que deseja. Você está examinando suas esperanças? Seus temores? Suas expectativas reais? Não se esqueça de incluir uma carta para cada aspecto que deseja observar, mas não tire cartas demais, porque isso poderia entrar em um círculo confuso e inquiridor.

O número ideal de cartas para este exercício é oito: quatro cartas tiradas deliberadamente para: 1) a situação, 2) suas esperanças, 3) seus medos e 4) sua expectativa real sobre o resultado. Em seguida, quatro cartas tiradas ao acaso para conhecer o ponto de vista do tarô. Se precisar de alguma carta de esclarecimento, tire apenas mais duas. Defina o limite máximo de dez cartas para a leitura, mas tire o mínimo possível. Cada carta contém em si um número infinito de mensagens. Não se sobrecarregue tirando cartas em excesso.

Nem sempre será necessário selecionar cartas deliberadamente. Com mais prática, você vai tirar cartas ao acaso e ainda assim ouvirá a voz do tarô. O exercício pode ser muito proveitoso ao ler suas cartas pela primeira vez, em especial se estiver abordando uma situação em que investiu muito e está fazendo o possível para ver o resultado.

Soltando a voz do seu baralho

Já faz algum tempo que não sei quantos baralhos tenho, mas acredito que sejam quase vinte. Embora possa usar qualquer um deles para consultar uma questão específica, descobri que alguns deles têm preferência por determinados temas. Tenho um baralho muito bom com leituras sobre o amor e outro ótimo com questões relacionadas à profissão. O exercício a seguir tem o objetivo de ajudá-lo a definir os tópicos preferidos do seu baralho e o melhor momento para usá-lo.

Primeiro, embaralhe as cartas sem nenhuma pergunta específica em mente. Concentre-se menos na intenção da leitura e mais na sensação das cartas em suas mãos. Em seguida, tire aleatoriamente uma única carta. Essa primeira carta lhe dirá o que o baralho quer que você saiba sobre ele. Considere essa carta como um instantâneo da personalidade do seu baralho.

Meu aluno, Taylor, fez isso com seu baralho e recebeu o Mago invertido.

"Ele está apontando e dizendo: 'Isto? Aqui? Você precisa trabalhar conosco, sempre'", disse. De fato, o Mago parecia estar apontando para o baralho, que estava ao lado da carta. Taylor sentiu que esse era um baralho particularmente laborioso, que desejava ser consultado com frequência.

Faça anotações sobre suas impressões iniciais. Reflita sobre o que já descobriu a respeito do tarô. Caso não tenha certeza, basta anotar a carta tirada e passar para a parte seguinte do exercício. Coloque a primeira carta de lado e embaralhe as cartas de novo. Dessa vez, pergunte ao baralho a quais temas ele prefere responder. Embora um bom baralho possa ser consultado para qualquer assunto, alguns terão o que se pode chamar de especialidade, um ou dois tópicos específicos. Pergunte ao tarô que especialidade pode ser essa enquanto embaralha as cartas e tira outra ao acaso.

Para esta parte do exercício, Taylor tirou o Rei de Paus.

Observando o olhar indagativo da personagem, Taylor comentou: "Este baralho trata de perspectiva – ele me ajudará a olhar além do horizonte e me revelará situações sobre as quais posso ou não ter controle".

Preste atenção à direção para a qual as personagens estão apontando e olhando. Se uma personagem olha para o telefone ou o computador, talvez o baralho queira ajudá-lo na comunicação ou na pesquisa. Sinta-se livre em relação às perguntas que faz ao baralho sobre ele mesmo. Se ele fosse alguém sentado ao seu lado, o que gostaria de saber a respeito dessa pessoa?

Em seguida, Taylor quis saber sobre a melhor forma de fazer perguntas e tirou o 10 de Espadas invertido.

"A seriedade não é amiga desta personagem", disse a respeito da carta, notando que, invertida, ela parecia uma posição pior para a personagem do que se estivesse na posição normal. Invertidas, as espadas provavelmente penetrariam com mais profundidade as costas da personagem. Taylor entendeu que o baralho quer que ele faça perguntas simples para não tornar "o processo da consulta muito complexo ou sobrecarregado".

Em seguida, Taylor quis saber qual seria a melhor hora do dia para consultar o baralho e tirou a Rainha de Paus.

Rainha de Paus

Lembrando-se de que esta é a consorte do Rei de Paus, Taylor entendeu que a Rainha de Paus significava que o baralho poderia ser usado a qualquer momento, para qualquer situação.

Observou que surgiram muitos bastões durante o exercício. A natureza ardente e apaixonada do naipe de Paus sugeria que esse baralho realmente gostava de ser usado.

Se você não tem certeza no início, apenas anote o que tirou e faça o exercício de novo em outra data. Com o tempo, compare as anotações sobre o que o tarô disse sobre ele mesmo. Mesmo que as cartas pareçam contraditórias à primeira vista, procure descobrir em que aspectos se assemelham. Além disso, a voz do baralho pode mudar e se desenvolver com o tempo.

Tenha consciência de que as preferências do baralho provavelmente serão diferentes das de outros exemplares do mesmo baralho. Ele vai perguntar coisas muito diferentes de diferentes pessoas. Digamos que você e seu melhor amigo usem o baralho RWS. Seu exemplar pode querer que você trabalhe com ele apenas em tempos de dificuldades. O exemplar do seu amigo pode querer ser apenas uma ferramenta de autorreflexão, não um solucionador de problemas. Nenhum dos dois é incorreto, ambos são precisos. Assim como dois espelhos podem ser fabricados de forma idêntica, mas nunca produzirão o mesmo reflexo de duas pessoas distintas, o tarô é um reflexo do nosso espírito pessoal, e mesmo baralhos idênticos refletirão mensagens diferentes.

SEIS

CARTAS INVERTIDAS

As inversões continuam sendo uma das principais áreas de confusão na leitura do tarô, em especial na autoleitura. Cartas invertidas podem aprofundar sobremaneira a leitura. Elas nos estimulam a ver as coisas de uma perspectiva diferente e impedem a rotina no trabalho com o tarô. No entanto, nem sempre é fácil decifrá-las. Pessoalmente, incluo cartas invertidas em minhas leituras, mas às vezes também me deparo com dificuldades. Já interpretamos algumas cartas invertidas, mas neste capítulo vamos aprofundar a questão e tentar compreendê-las de fato.

Primeira observação a fazer: você não precisa ler cartas invertidas. Conheço muitos bons leitores que não se preocupam com as inversões. Também conheço desenhistas que desconsideram significados invertidos ao criar seus baralhos e sugerem que estes sejam usados apenas na posição normal. Quando estou cansada ou me debatendo para entender a mensagem de uma leitura, às vezes não levo em consideração as cartas invertidas. Incentivo novos leitores a tentar introduzir cartas invertidas em suas leituras. Se, depois de trabalhar com elas durante algum tempo, continuam não se comunicando com eles, talvez as inversões apenas não façam parte do seu sistema de leitura pessoal.

Se os Arcanos Menores do seu baralho não tiverem personagens ilustradas, a leitura de cartas invertidas pode ser ainda mais difícil. Para os leitores que possuem tais baralhos, sugiro que concebam um sistema pessoal de significados diferente das sugestões oferecidas a seguir ou ignorem por completo as inversões ao fazerem leituras com o referido baralho.

Possíveis formas de interpretar cartas invertidas

Caso você resolva trabalhar com cartas invertidas em suas leituras, veja alguns possíveis significados a levar em consideração:

- ♦ A inversão representa o oposto da posição normal.
- ♦ A inversão indica perda.
- ♦ A inversão é uma forma reduzida da posição normal.
- ♦ A inversão indica algo oculto.
- ♦ A inversão remete a uma situação estagnada.
- ♦ A inversão requer atenção especial.

Vejamos cada um desses possíveis cenários.

♦ *A inversão representa o oposto da posição normal*

Na grande maioria dos casos, as cartas invertidas indicam o oposto do significado da carta na posição normal. Baseado em seu conhecimento do significado da carta na posição normal, apenas depreender o inverso desse significado pode revelar o que a carta invertida tenta dizer. Vejamos alguns exemplos.

Vejo a Rainha de Espadas como uma pessoa tipicamente feminina, em posição de poder e autoridade. Também a vejo como alguém que pode ser muito ríspido, em especial com palavras (pensando nas Espadas em relação ao ar e à comunicação). O oposto dessa representação seria alguém sem poder e autoridade. Uma inversão pode indicar fraqueza, bem como palavras amáveis.

A Sacerdotisa é uma carta que, em geral, associo à intuição. Quando ela aparece em alguma das minhas autoleituras, considero-a um sinal para confiar em meus instintos iniciais. Ela também me sinaliza que a magia e o trabalho espiritual estão agindo. Assim, a Sacerdotisa invertida indica que meus sentimentos iniciais talvez me impeçam de ver a verdade de uma situação. É possível que eu esteja dissociada dos meus impulsos intuitivos. Ela pode representar, ainda, perda da alma ou afastamento de um trabalho de natureza espiritual ou mágica.

Vejo Os Amantes como uma carta que, além de vínculo, denota intimidade e alegria. Também significa, para mim, romance ou amor platônico. Quando invertida, vejo-a como perda de vínculo ou diminuição da química. Pode indicar, ainda, um amor perdido. Um grande afeto já devotado a alguém ou alguma coisa pode estar diminuindo.

◆ *A inversão indica perda*

As inversões podem indicar perda, já ocorrida ou a ocorrer em breve. Vejamos alguns exemplos.

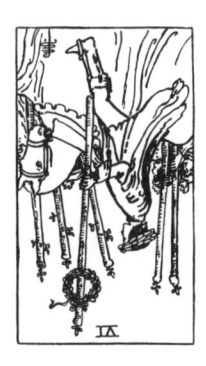

O 6 de Paus mostra uma pessoa triunfante montada em um cavalo em meio à multidão. Se esse 6 significa triunfo e viagens, talvez a carta ao contrário represente perda do respeito dos outros, possivelmente também associada à perda de favores ou de credibilidade. Na posição normal, o cavaleiro parece firme na direção. Invertida, pode indicar perda de direção.

Quando vejo a taça transbordando virada para baixo, imagino toda a água escoando. Se a água representa amor e emoções, e o Ás de Copas é a síntese disso, então, ao contrário, a carta pode representar perda de amor ou do controle emocional.

Este exercício se torna ainda mais interessante quando ocorre a inversão de uma carta que já significa perda. No 5 de Copas, vejo a figura envolta na capa, com a cabeça pendente e as taças viradas em torno dela, como uma personificação da perda. Então, o que isso significa quando esta carta está invertida? A *perda* de uma perda? Um belo enigma, mas talvez esse seja um sinal de que algo perdido será encontrado em breve ou uma perda percebida não é realmente uma perda.

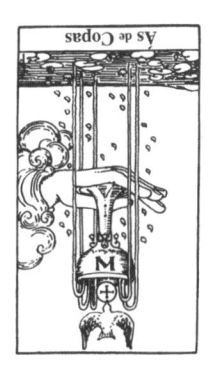

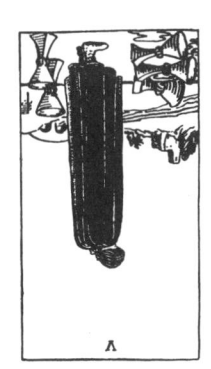

♦ *A inversão é uma forma reduzida da posição normal*

Se imaginarmos cada carta como uma melodia, quando ela aparece na posição invertida, a melodia é a mesma, mas o volume está mais baixo. O significado é o mesmo, mas a situação não tem o mesmo nível de urgência.

O Cavaleiro de Espadas pode significar batalha, viagem ou guerra de palavras. Toda carta Cavaleiro é uma convocação à ação. De todos os Cavaleiros, o de Espadas é o mais extremo. No baralho RWS, esse Cavaleiro, dos quatro, é o que se movimenta mais rápido. Quando invertido, pode ser sinal de que a situação em questão não garante rapidez. A ação pode ser necessária, mas não de imediato.

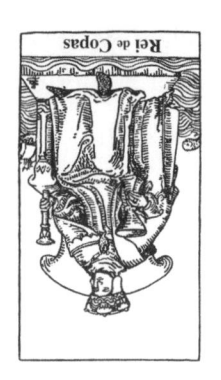

Se o Rei de Copas representa amor e compromisso intensos, a posição invertida dessa carta pode significar que o amor está presente, mas com pouca intensidade. O compromisso também pode estar presente, mas menos forte que se a carta estivesse na posição normal. O Rei de Copas é conhecido, ainda, pela benevolência ou pela bondade. Quando invertido, talvez represente bondade discreta, sem grandes manifestações exteriores.

O Enforcado é a carta "presa", paralisada, por excelência. Quando invertida, pode significar atraso, embora não extremo. Pode também significar que algo antes preso está livre de modo imprevisto, sugerindo grande movimento quando antes havia paralisia. Sinceramente, esta é uma das melhores cartas invertidas que consigo interpretar sem maiores dificuldades.

♦ *A inversão indica algo oculto*

Algumas inversões abrangem os mesmos significados que suas correspondentes na posição normal, mas indicam que a situação em questão é secreta.

Na Roda da Fortuna invertida, uma grande mudança está para ocorrer, mas ninguém faz ideia do que seja. Um exemplo dessa situação seria uma fuga para se casar.

O 4 de Copas é uma ótima carta mensageira. Na imagem, uma taça surge do nada e está sendo entregue a uma pessoa sentada embaixo de uma árvore, talvez nem sequer esperando uma mensagem. Receber essa carta invertida pode significar ouvir ou guardar um segredo.

O 10 de Ouros geralmente significa saúde ou dinheiro, e em abundância! Quando invertida, pode ser um sinal para manter seu dinheiro por perto ou não revelar todos os seus pontos fortes de imediato. A leitura pode alertá-lo sobre o compartilhamento de recursos e incentivá-lo a guardá-los para si mesmo.

♦ *A inversão remete a uma situação estagnada*

Uma inversão pode indicar uma paralisação em qualquer situação representada pela carta. Isso se refere de modo especial a cartas que normalmente indicam movimento, como a Roda da Fortuna, o Carro, os Cavaleiros etc.

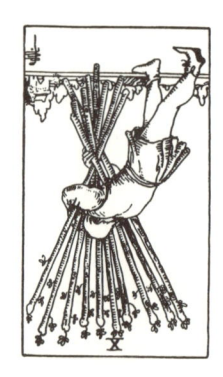

O 3 de Ouros do baralho RWS mostra duas pessoas se aproximando de alguém com um documento, possivelmente com planos em mente. Assim, os planos podem estar temporariamente suspensos se o consulente receber o 3 de Ouros invertido.

O 10 de Paus pode sugerir paralisação na posição normal. Invertido pode significar que uma pausa proposital ou uma interrupção construtiva pode ser adiada.

Se a Rainha de Ouros é uma carta de produção, reprodução ou uma espécie de esforço generoso, recebê-la na posição inversa pode significar atraso prejudicial.

♦ *A inversão requer atenção especial*

Para alguns leitores, uma carta invertida significa que ela deve receber atenção especial, sendo comparada a uma bandeira vermelha. Isso se aplica, de modo especial, quando há apenas uma ou duas cartas invertidas em uma distribuição mais ampla. Hannah recebeu o Valete de Copas, o Carro, o Hierofante, todos na posição normal, e o 7 de Copas invertido. As três primeiras cartas referiam-se à iminente separação do parceiro, que fora amigável, como confirmou o Valete de Copas, para ela uma carta indicativa de benevolência.

Hannah precisava de uma mudança na vida para conquistar a autonomia pessoal, refletida pelo Carro e pelo Hierofante. A quarta carta tinha por objetivo representar o que ela não deveria esperar. Hannah tirou o 7 de Copas invertido. O grande número de taças na carta sugeria que, embora ela e o parceiro estivessem se separando de forma amigável, ela ainda precisava prestar muita atenção aos sentimentos dos outros – tanto do parceiro quanto de outras pessoas de suas relações.

Como saber qual desses significados prevalece?

Você leu todos os possíveis significados invertidos e pensou neles em relação às cartas, mas, quando uma carta aparece invertida, como saber qual desses significados deve ser considerado? A carta representa o oposto ou indica um segredo? Trata-se de uma versão modificada da posição normal ou de uma bandeira vermelha? À medida que você se familiarizar com as autoleituras, essa questão se esclarecerá melhor, pois sua intuição e o diálogo com o tarô vão aumentar. Enquanto essa relação está em desenvolvimento, porém, os exercícios a seguir poderão ajudar.

No Capítulo 3, exercitamos a prática de determinar se uma carta da corte é um aspecto da personalidade ou um papel mais geral que a pessoa desempenha no mundo. Este exercício, semelhante àquele, usa os Arcanos Maiores para sugerir o que uma carta invertida pode significar. Se você tirar uma carta invertida e precisar saber a qual das categorias supracitadas ela provavelmente remete, repasse o baralho até chegar a uma carta dos Arcanos Maiores. A tabela a seguir fornece uma pista quanto à possível mensagem que a carta invertida está tentando transmitir.

Carta esclarecedora dos Arcanos Maiores	Significado da inversão
0 O Louco	O oposto do significado na posição normal.
1 O Mago	O oposto do significado na posição normal.
2 A Sacerdotisa	Algo oculto.
3 A Imperatriz	Forma reduzida do significado na posição normal.
4 O Imperador	Forma reduzida do significado na posição normal.
5 O Hierofante	Prestar mais atenção à carta invertida.
6 Os Amantes	O oposto do significado na posição normal.
7 O Carro	Uma parada.
8 A Força	Prestar mais atenção à carta invertida.
9 O Eremita	Algo oculto.
10 A Roda da Fortuna	Uma parada.
11 A Justiça	Prestar mais atenção à carta invertida.
12 O Enforcado	Uma parada.

Carta esclarecedora dos Arcanos Maiores	Significado da inversão
13 A Morte	Uma perda.
14 A Temperança	Uma forma reduzida do significado na posição normal.
15 O Diabo	O oposto do significado na posição normal.
16 A Torre	Uma perda.
17 A Estrela	Prestar mais atenção à carta invertida.
18 A Lua	Forma reduzida do significado na posição normal.
19 O Sol	Algo oculto.
20 O Julgamento	Uma perda.
21 O Mundo	Uma perda.

Melanie aceitou o emprego de professora de poesia em uma faculdade comunitária perto da casa dela. Quando perguntou ao tarô que desafios teria pela frente, tirou o 8 de Copas invertido na leitura de uma só carta.

Não sabendo o significado da carta, repassou o baralho até encontrar a primeira carta dos Arcanos Maiores: A Justiça.

Consultando a tabela apresentada, A Justiça sugeriu que Melanie talvez devesse prestar mais atenção ao significado do 8 de Copas. Esta é uma carta que Melanie associa "à pessoa ferida", observando que está vagando sozinha, como se tivesse sido rejeitada ou seus sentimentos tivessem sido feridos ou negligenciados. "Posso ter alguns alunos muito sensíveis", disse, ao observar A Justiça e o 8 de Copas em conjunto.

Perguntas "sim" ou "não"

Uma das maneiras mais convenientes de incluir inversões em sua leitura é por meio de uma pergunta "sim" ou "não". Essa fórmula simples funcionou para muitos dos meus alunos ao longo dos anos. Não apenas oferece uma resposta clara, mas o conteúdo das cartas dá mais informações em relação ao motivo de uma resposta sim/não.[1]

♦ *Três cartas na posição normal: totalmente "sim"*

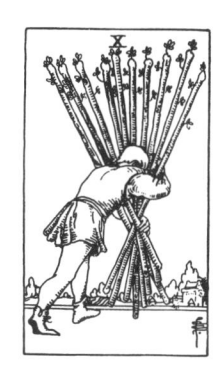

Anne queria saber se viajaria mais no ano seguinte. As cartas que recebeu estavam todas na posição normal: A Força, 10 de Paus e A Temperança. Definitivamente, o futuro lhe reservava muitas viagens. A Força sugeriu-lhe que seus planos estavam adequados, mas o 10 de Paus a levou a pensar que, para a efetiva realização dessas viagens, talvez precisasse despender esforço maior do que imaginara a princípio. A Temperança sugeriu-lhe "enxugar" um pouco os planos ou reduzir o orçamento de outras áreas do cotidiano a fim de poder viajar com mais disponibilidade de recursos.

♦ *Duas cartas na posição normal e uma invertida: um "sim" discreto (ou seja, "Sim, mas...")*

Rick se aproximava do quinquagésimo aniversário e queria saber se teria um ano proveitoso nessa etapa da vida. Tirou o Cavaleiro de Paus, o 3 de Copas e o 5 de Ouros invertido. A resposta foi sim – o Cavaleiro de Paus e o 3 de Copas simbolizam felicidade e alegria. Mas o 5 de Ouros invertido sugeriu cautela com a sobrecarga de energia e dinheiro. A felicidade é mais provável com a conservação de recursos financeiros e pessoais. "O tarô quer que eu me contenha um pouco; estou satisfeito com isso", disse.

♦ *Uma carta na posição normal, duas invertidas: improvável, mas não impossível*

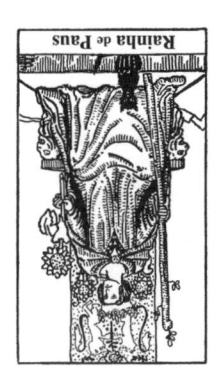

Julia estava pensando em expandir seu negócio e queria saber se a ideia era boa. Suas cartas foram a Rainha de Copas invertida, a Rainha de Paus invertida e o Rei de Espadas. As duas cartas que indicam mulheres fortes eram ambas invertidas, o que para Julia pareceu uma resposta duvidosa. O Rei de Espadas na posição normal sugeriu que, se ela quisesse, de fato, ter sucesso na empreitada, precisaria adotar uma atitude mais agressiva nos negócios. O "sim" que ela desejava teria de ser disputado e conquistado.

♦ *Três cartas invertidas: totalmente "não"*

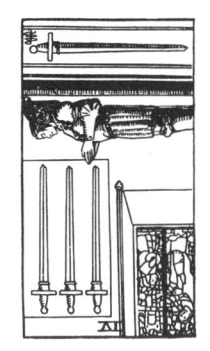

Jeff estava pensando em voltar a estudar. As três cartas apareceram invertidas: o Valete de Copas, o 4 de Espadas e A Sacerdotisa. O Valete de Copas e A Sacerdotisa eram cartas que, para ele, representavam desejo. Ele viu o 4 de Espadas como uma carta de descanso. Se as três cartas invertidas significavam um "Não, não vá" definitivo, Jeff precisava refletir sobre seus reais desejos. A escola *realmente* o ajudaria a conseguir o tipo de trabalho ou a vida que queria? As cartas diziam "não", mas o estimularam a pensar mais a fundo sobre o que de fato esperava conseguir na escola. Um emprego com remuneração melhor? Uma profissão diferente? Apenas quebrar a monotonia? O tarô incentivou Jeff a se fazer essas perguntas e examinar se a escola teria uma resposta para elas ou se alguma outra iniciativa menos dispendiosa e demorada resolveria o problema.

Se a maioria das cartas numa leitura for invertida

Preste atenção à quantidade de cartas invertidas, em especial se estiver adotando uma distribuição maior.

Se a maioria das cartas for invertida, é possível que *todas* devam ser viradas – colocando as invertidas na posição normal e vice-versa. Para decidir se é isso mesmo que você deve fazer, tire mais uma carta com esta pergunta em mente: Viro as cartas ou deixo como estão? Se a carta aparecer na posição normal, significa que a posição de todas as cartas deve ser invertida. Se aparecer invertida, é sinal de que devem ser deixadas como foram distribuídas.

Uma leitura com a maioria das cartas invertida pode indicar que você está preso a uma rotina e espera por grandes mudanças. Imagine que todas as cartas invertidas indicam áreas em que tudo está estagnado. Leituras com *todas* as cartas invertidas podem significar que são necessárias mudanças na vida, possivelmente grandes.

Miranda, que engravidou recentemente, usou a disposição da cruz celta (página ao lado) para si mesma com o objetivo de saber como seriam os próximos meses de gravidez. Instruções sobre como usar a disposição da cruz celta encontram-se na página 260.

(No arranjo da cruz celta, a sexta carta, transversal à primeira, deve ser sempre considerada na posição normal.)

Na leitura de Miranda, sete das dez cartas estavam invertidas. Esta é a segunda gravidez, e ela admitiu que o cansaço que sentia era bem maior que na primeira. O predomínio das cartas invertidas sugeria que alguma coisa em sua vida precisaria mudar se no fim da leitura ela quisesse alcançar o resultado da carta A Imperatriz na posição normal, que para ela significava um parto saudável. O que precisaria mudar? A carta O Julgamento sugeriu-lhe "avaliar melhor minhas escolhas de saúde e as tarefas que assumo". A Estrela invertida indicou que alguns esforços pessoais podiam ser suspensos enquanto ela se dedicava a cuidar de si mesma.

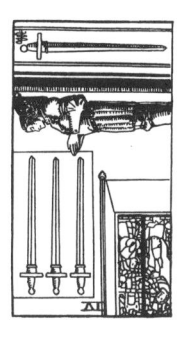

Disposição em cruz celta

O 7 e o 10 de Ouros e o 8 de Espadas, todos invertidos, recomendaram a Miranda que fizesse escolhas alimentares mais condizentes com a saúde e menos ligadas à conveniência, mesmo que a opção de conveniência fosse mais atraente com uma criança por perto.

Na leitura de Miranda, e no caso de muitas leituras em que a maioria das cartas está invertida, pode ser útil dirigir a atenção a temas gerais, em vez de tentar interpretar cada carta invertida. Em sua leitura, Miranda se concentrou nas cartas que mais se destacavam para ela e por intermédio delas descobriu as mudanças que precisava fazer. Essa tática é particularmente útil quando se faz uma leitura com predominância de cartas invertidas.

Para onde as personagens apontam?

Se as mensagens de sua carta invertida não forem claras de imediato, observe com atenção a direção para a qual as personagens apontam. Veja a seguir uma leitura que fiz para mim mesma utilizando a disposição Quatro Quadrantes da página 219, sem nenhuma pergunta específica em mente. Instruções para o uso dessa disposição encontram-se nas páginas 265-67.

Esta é uma leitura bastante matizada, propiciando a descoberta de inúmeros aspectos. Em geral, vejo o Cavaleiro de Paus como uma carta de energia. Quando invertida, percebo nela fadiga. Hoje isso é bem verdade, pois acordei muito cedo após deitar muito tarde a noite passada! No entanto, também presto atenção à direção para a qual o Cavaleiro de Paus aponta. Ele direciona a vara para a Imperatriz, abaixo. Para mim, esse é um sinal de que devo ligar para minha mãe hoje. Estivemos tentando nos comunicar durante quase uma semana, sem êxito.

Sinal para ver as coisas com outro olhar

Uma carta invertida pode ser uma sugestão para olhar as coisas de uma nova maneira. Para mim, cartas em que uma personagem "olha

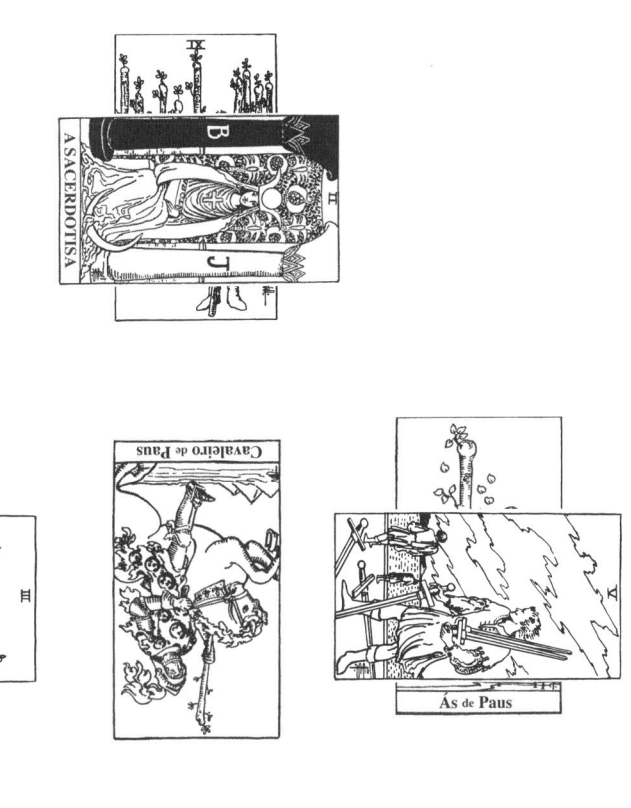

Disposição Quatro Quadrantes

para trás", para a personagem principal, são um estímulo para que eu abra a mente para outro ponto de vista. Um exemplo de cartas com imagens assim pode ser:

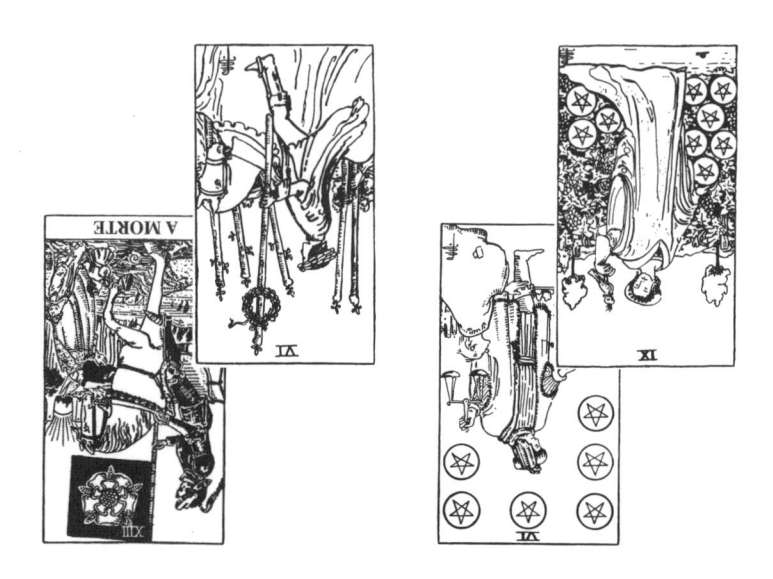

Nesta prática, as cartas invertidas abrem portas para reflexões e considerações mais profundas. Elas nos estimulam a fazer perguntas difíceis sobre quem somos e o que estamos tentando fazer.

No 6 de Paus, o cavalo olha para trás, para o cavaleiro. No 9 de Ouros, o pássaro olha para trás, para a senhora. Na carta A Morte, o homem santo implora ao Ceifador Sinistro, e, no 6 de Ouros, um mendigo olha suplicante para um benfeitor. Para mim, essas personagens que "olham para trás" se destacam muito mais quando as cartas estão invertidas. Elas me estimulam a observar a situação de uma perspectiva diferente. No 6 de Paus, a multidão aplaude o vencedor, mas, quando essa carta está invertida, será que significa que ele não se sente digno dos aplausos? Poderia ser que nem todos participam desse entusiasmo? No 9 de Ouros, a mulher está cercada de conforto, o que parece uma grande vantagem. Mas, quando invertida, a carta não representaria talvez mais um fardo que uma vantagem? Será que a mulher acredita que não merece esse conforto? Será refém de um estilo de vida dispendioso? Na carta A Morte, a perda poderia, na realidade, ser uma bênção? Talvez alguém que sofresse de uma doença grave e dolorosa tenha finalmente feito a passagem! Talvez um relacionamento extenuante tenha por fim acabado de modo natural. No 6 de Ouros, é mais fácil fazer a doação ou recebê-la? A última carta levanta a questão: "Meus atos de boa vontade beneficiam os outros ou meu próprio ego?".

Essa prática é especialmente proveitosa se você fizer leituras com uma só "carta do dia" e receber uma carta invertida.

Ao trabalhar com inversões...

Como em todos os aspectos do tarô, as inversões exigem prática. Em alguns casos, aprender a interpretá-las talvez exija mais tempo que outros tópicos. Minha sugestão é que você procure fazer individualmente todos os exercícios apresentados. Faça anotações tanto sobre os exercícios mais significativos quanto sobre os menos relevantes para você. Com o tempo, você descobrirá que algumas dessas práticas se aplicam naturalmente à maioria das leituras, e outras talvez nunca se apliquem. Talvez você encontre outras interpretações invertidas nem mencionadas aqui! Não se limite.

Algumas leitoras de tarô conhecidas minhas acreditam que são infindáveis os possíveis significados presentes em uma única leitura, ou mesmo em uma única carta! Além disso, permita-se cometer erros. Quando nos permitimos errar periodicamente, abrimos espaço para construir relações mais sólidas com o tarô. Podemos começar a sentir a diferença pequena, mas perceptível, entre a busca de resultados na leitura e o consentimento para que nossa intuição nos fale.

Continue lendo e praticando. Pare quando as inversões forem muito frustrantes ou confusas em determinada leitura. Volte a elas mais tarde, ou, se decidir que não são para você, abandone-as por completo. Lembre-se: a questão toda consiste em construir a própria linguagem com o tarô. Se você vai ou não usar as inversões e *como* opta por usá--las são aspectos de suma importância para o processo de autoleitura.

SETE

OUTRAS FERRAMENTAS: O QUE FALTA EM SUA LEITURA DO TARÔ?

E AINDA: COMO INTERPRETAR CARTAS MAIS DIFÍCEIS

O tarô é feito de camadas. As leituras apresentam diferenças sutis. Muitos manuais de leitura de tarô, incluindo este, ensinam principalmente a decifrar os significados das cartas. No entanto, uma leitura é bem mais que apenas a soma dos significados. Este capítulo examina aspectos de uma leitura de tarô que talvez não sejam muito óbvios de imediato, mas que podem enriquecer sua leitura.

O que falta em sua leitura do tarô?

Conheci este conceito em uma postagem da leitora de tarô Hilary Parry, no blogue *The Tarot Lady*, de Theresa Reed, em junho de 2011, com o título "O que as cartas dizem quando não estão presentes".[1] Hilary escreve sobre a prática no contexto da leitura para terceiros, mas o que ela diz se aplica também à autoleitura:

Se [a questão é] sobre o amor, e não há Copas na leitura... bem, há algumas coisas que podem ser interpretadas com base nessa ausência, não se limitando, porém, a apenas essas interpretações (em geral):

1. uma paixão frívola sem substância suficiente para formar um vínculo emocional verdadeiro; as intenções românticas do cliente podem caber melhor em outro lugar, ou um foco voltado para o interior é apropriado; ou
2. o cliente não está interessado no objeto das afeições (mais uma vez, lembrando que isso é hipotético).

Ainda falando de um possível interesse amoroso, o que dizer se HÁ Copas presentes, mas não Ouros (Moedas)? Isso pode indicar muita emoção, mas pouca estabilidade, senão nenhuma. Pode haver muito amor, mas talvez poucos aspectos práticos que fazem uma relação dar certo.

Entre outras perguntas úteis que você pode se fazer durante a leitura estão: você vê muitas Copas e Ouros, mas nenhuma carta do naipe de Paus? Talvez o amor e a estabilidade estejam presentes, mas falte química. Não havendo Espadas, estariam faltando aspectos de comunicação ou de conflito saudável, tornando a situação pouco interessante ou superficial? Se não houver cartas dos Arcanos Maiores, pode ser prudente perguntar se esse relacionamento é de fato sério.

Naturalmente, a leitura perfeita incluiria equilíbrio de cartas dos quatro naipes dos Arcanos Menores e um número desejável de cartas dos Arcanos Maiores. Em geral, isso não acontece. No entanto, uma leitura com elementos ausentes não significa que há um problema fundamental com a situação em foco. Às vezes, a ausência de naipes ou de cartas Maiores revela onde algo tem espaço para crescer:

- ♦ Falta de Copas – a situação pode ter carência de amor, bondade, investimento pessoal ou coração.

- Falta de Ouros – a situação pode ser instável. Pode indicar desemprego, pobreza ou falta de bens materiais.
- Falta de Paus – pode haver falta de paixão, química, ímpeto ou direção.
- Falta de Espadas – estagnação, falta de limites ou a estrutura pode ser problemática. A falta de desafios pode levar ao tédio. Talvez comunicação deficiente.
- Falta de cartas dos Arcanos Maiores – a situação pode parecer maior do que realmente é e terá pouco ou nenhum impacto duradouro.
- Falta de cartas da corte – pode haver falta de controle ou de liderança na situação. Orientação adicional pode ser necessária.
- Falta de cartas dos Arcanos Menores – isso é raro, considerando que a maior parte do baralho é constituída de cartas desses Arcanos. Todavia, se você recebe só cartas dos Arcanos Maiores e nenhuma dos Menores ou da corte, a situação pode ir além dos limites de si mesmo, afetando várias pessoas.

Scott fez uma autoleitura quando tentava perder peso. Chegar ao peso que estabelecera como meta estava mais difícil e demorado do que imaginara. Ele queria saber se faltava algo no programa de cuidados com a saúde e a boa forma física.

Scott usou a Disposição do Triângulo Atual, representado na página 226.

Para ele, o Hierofante significa, em geral, "planos e trabalho árduo". Concordou que estivera seguindo uma dieta e um programa de exercícios bem estruturados por algum tempo, como indicava o Hierofante na posição do passado. A situação atual, a Roda da Fortuna, dizia-lhe que estava no caminho certo, embora o ritmo fosse lento.

"Vejo a Roda da Fortuna como um mecanismo de movimento lento. Tenho a sensação de que está havendo progresso, embora em ritmo menor que o desejado."

O Passado  — O Presente  — O Futuro

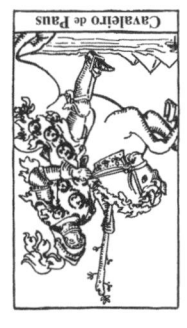

Efeitos do passado sobre o presente — Efeitos do presente sobre o futuro

Causa ou verdade da situação

Disposição do Triângulo Atual

Para o futuro, ele entendeu que o 2 de Copas indicava que possivelmente receberia ajuda ou orientações de outra pessoa.

Scott vê o naipe de Paus como cartas de movimento e assim, na leitura, entendeu que se referiam ao seu programa de exercícios.

Uma lesão sofrida na época da faculdade limitou, durante muito tempo, a quantidade de exercícios pesados que Scott poderia fazer. O Cavaleiro de Paus invertido, indicando movimento lento, fez sentido na posição dos efeitos do passado sobre o presente.

Scott sofreu para entender as Rainhas nas autoleituras passadas, mas nesta situação viu a Rainha de Paus invertida como autocrítica. "Posso estar me contendo porque as coisas não estão acontecendo tão rápido quanto desejo", disse.

Por fim, a causa da situação foi indicada pelo 4 de Copas. "A resposta está aqui, mas simplesmente não consigo vê-la ainda", comentou. Scott esperava que o 2 de Copas no futuro fosse sinal de que a resposta se revelaria por si mesma.

Scott percebeu que sua leitura não incluía nenhuma carta de Ouros ou de Espadas. A vontade e o desejo de alcançar o objetivo estavam presentes, como indica a presença de Paus e Copas. A presença de duas cartas dos Arcanos Maiores significou para ele que estava dando a devida atenção ao objetivo da perda de peso, mas sem exageros. "Se eu tivesse todos os Maiores, pensaria que estava deixando o objetivo da perda de peso ocupar espaço demasiado em minha vida", concluiu.

Contudo, a ausência de Ouros e Espadas deixou uma mensagem importante. "Se os Ouros se referem ao mundo físico, então incluem o corpo. Se minha leitura sobre a perda de peso não inclui Ouros, algo em minha rotina não faz bem ao meu corpo." Scott se perguntou se a falta de Ouros estaria ligada à falta de Espadas. "Se as Espadas indicam que algo está acontecendo rapidamente, a ausência total delas poderia estar presente se o que estou fazendo não está certo para o meu corpo. Como algo pode acontecer rapidamente se não está acontecendo de modo correto?"

De acordo com essa leitura, o problema de Scott não estava na força de vontade, mas no plano que escolhera. As cartas indicaram a necessidade de encontrar outra solução, o que o estimulou a procurar um treinador pessoal e a consultar uma nutricionista. Com as informações fornecidas pelo tarô, ele poderia falar com esses profissionais sobre programas alternativos que talvez se adequassem melhor ao seu tipo físico.

Nem toda carta "assustadora" é ruim

Por mais que leiamos o tarô, sempre haverá cartas que simplesmente não gostaríamos de receber em nossas leituras. Reconheço que cometo um deslize quando tiro A Torre ou o 10 de Espadas como "carta do dia" e digo "Não, hoje não" antes de devolvê-la ao baralho e tirar outra. Não recomendo essa conduta. Antes de qualquer coisa, é perda de tempo. Goste ou não, a(s) carta(s) tirada(s) se manifestará(ão) de qualquer modo. Segundo, voltar a embaralhar e a tirar as cartas significa informar ao tarô que não confiamos na voz dele. Se adotada durante bastante tempo, essa prática vai confundir a linguagem construída com o tarô. É melhor suspirar, ranger os dentes e aceitar as cartas tiradas.

Com os rangidos de dentes, o que aprendi foi perscrutar as cartas de maneira consciente em busca de algo benéfico no que considero uma carta "assustadora". Cada carta do tarô tem as próprias dádivas, mesmo que essa dádiva se assemelhe à energia que se sente depois de um exercício exaustivo: por certo não foi uma sensação de dádiva que você teve quando pensou que vomitaria durante a prática, mas as endorfinas e uma saúde melhor no dia seguinte foram, sem dúvida, um presente dado a si mesmo.

Cartas difíceis dos Arcanos Maiores

É frequente muitos leitores considerarem difíceis as cartas a seguir. Talvez você goste de algumas delas. Conheço excelentes leitores superapaixonados pela carta O Diabo e alguns sem absolutamente nenhum escrúpulo em relação à Torre. Talvez haja cartas que você despreze, as quais não listei a seguir. Sugestões para trabalhar com outras cartas não relacionadas aqui se encontram no fim do capítulo.

9. O Eremita

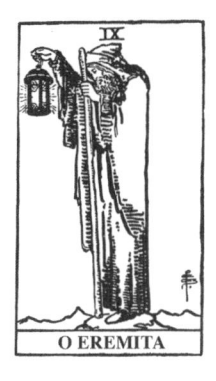

Esta carta em geral assusta as pessoas, em especial se aparece durante uma leitura de amor. Pela associação natural do Eremita com a solidão, faz sentido que ela possa desencadear preocupações em relação a uma vida solitária. Mas o Eremita pode significar distanciamento de pessoas que pensam como nós, buscando sabedoria mais profunda e, talvez, iluminando um caminho para outros. O Eremita representa um nível de conforto com o próprio eu e com o caminho individual. Isso não significa que você ficará sozinho, solitário e desprovido. Mesmo em leituras de amor, ele não pressagia um rompimento ou uma vida vivida exclusivamente com gatos, não com parceiros, mas pode significar atenção maior a si mesmo como indivíduo. Isso quer dizer que é bom reservar tempo para si mesmo antes de mergulhar mais fundo no cenário do namoro ou de um compromisso mais sério com o parceiro. No amor, muitas vezes somos estimulados a entregar nossa identidade ao relacionamento. O Eremita nos lembra de que devemos nos manter fiéis a nós mesmos ainda quando nossos caminhos se cruzam com os dos outros.

12. O Enforcado

Embora o Enforcado indique paralisia, parada ou impedimento em prosseguir em busca de algo, também pode significar período de descanso. Enquanto escrevia este livro, tirei três dias de férias. O mês anterior fora repleto de compromissos, com viagens e longas horas de trabalho. Eu estava ansiosa para compensar e pôr em dia a tarefa de escrever; mas, quando tirei uma carta para ver como a atividade se desenvolveria e recebi o Enforcado, lamentei. Alguma coisa atrapalharia meu plano. Acabei ficando acamada com febre alta e bronquite e passei meus dias de férias dormindo, não escrevendo. Fiquei contrariada, muito à semelhança de como imaginava que a personagem na carta O Enforcado devia ficar. Contudo, ao observar o rosto da personagem e refletir, percebi que ela parecia serena. Aceitei relutante o fato de que precisava parar e descansar antes de poder seguir em frente. Embora não tenha sido fácil e eu tenha tido dificuldade de sair da armadilha mental "estou perdendo muito tempo ficando doente!", o período de descanso forçado me ajudou a contornar alguns outros bloqueios de escrita e acabei me sentindo melhor com o rumo que o livro tomou.

O Enforcado também pode representar uma barreira ante a beira de um abismo simbólico. Pode ser um sinal para parar e refletir. Não significa certo desânimo e pessimismo. O Enforcado pode nos incentivar a delegar responsabilidades. Há alguns anos, uma amiga minha viu-se em meio a uma batalha pela custódia do neto. A situação a desgastara muito, a ponto de ficar doente. Ela também tirou o Enforcado em uma leitura, mas em vez de se apegar ao possível significado de paralisação e retardo aceitou a carta como sinal de que fizera tudo o que podia em relação ao assunto. Nada mais era esperado dela. Ela se permitiu deixar a situação fluir e sentiu a paz que pode vir com esse aspecto do Enforcado. O Enforcado pode nos estimular a nos liberar de obrigações ou de "deverias" que nos oprimem. Como é libertador poder dizer: "Fiz tudo o que podia" ou "Não tenho poder aqui, então não tenho nenhuma escolha a fazer". A ironia envolvendo o Enforcado é que existe uma liberdade verdadeira nele. Certa paralisia, sim. Mas há também libertação.

13. A Morte

Esta é provavelmente a carta mais mal compreendida do tarô. Quando leio para clientes, em geral é a carta que mais os assusta. A Morte pode significar, e muitas vezes significa, término, às vezes perda. No entanto, pode indicar transições favoráveis. Há alguns anos, uma amiga fez uma autoleitura e tirou a carta A Morte. Embora essa carta sem dúvida assuste a maioria das pessoas, ela se manteve aberta a um resultado potencialmente positivo. Pouco tempo depois, descobriu que estava grávida do primeiro filho. Optou por deixar o emprego e ficar em casa com o bebê, que era o que queria fazer. A carta da Morte significava uma espécie de "morte": uma transição do emprego em tempo integral para o cuidado de um bebê o tempo todo. Também não é incomum alguém receber a Morte antes de uma proposta de casamento ou de passar a morar com um parceiro. Uma pessoa solteira pode receber esta carta antes de começar um novo romance. Ela pode sinalizar o fim da vida de solteiro.

A Morte, em leituras sobre relacionamentos, carreira, habilidades criativas ou outros empreendimentos, nem sempre significa perda. Um relacionamento feliz pode receber esta carta não como presságio de má vontade, mas como a conclusão de um capítulo para iniciar outro. Também pode significar mudanças radicais para melhor em um relacionamento, como transferência de lugar ou uma decisão conjunta de abandonar maus hábitos e cuidar da saúde. Pode ser uma nova forma de comunicação que acabará fortalecendo a parceria. Na carreira ou na atividade criativa, esta carta pode antever uma promoção ou mesmo uma oportunidade que poderia significar que outros projetos precisam esperar até que o novo se consolide.

Quando recebemos A Morte e nos fixamos apenas na perda, perdemos significados mais auspiciosos. Mantendo-nos abertos aos aspectos de renascimento e às portas que se abrem, não às que se fecham, podemos encontrar maior potencial em nossas leituras.

15. O Diabo

É comum ver o Diabo como mentira e traição, e em muitos casos essa é provavelmente a interpretação correta. Como já vimos, o Diabo pode representar medos, relacionamentos tóxicos, inimigos, problemas reprimidos e muito mais. No entanto, na hora e no lugar certos em sua leitura, o Diabo pode ser seu melhor amigo. Se pudermos imaginar por um momento que o Diabo não tende à destruição ou à ruína e ele aparecer em uma leitura, como poderia ser um amigo para você?

Talvez o Diabo seja alguém com informações de que você necessita em uma situação. Talvez você esteja se candidatando a um emprego e conheça alguém que já trabalha na empresa e possa fornecer informações sobre o que o potencial empregador está procurando. Com essa informação, você pode se sair um pouco melhor na entrevista. Alguns talvez digam que essa é uma vantagem injusta. Outros podem sustentar que precisamos usar todos os recursos possíveis para cuidar de nós mesmos e daqueles que dependem de nós. De qualquer forma, esse é um exemplo da natureza complexa, mas útil, do Diabo. Além disso, por reger o reino dos medos, o Diabo pode nos levar a lugares assustadores em nós mesmos, estimulando-nos a enfrentá-los. Muitos consideram essa carta preocupante em leituras de amor, o que não significa necessariamente problemas relacionados ao coração. Pode ser um apelo do advogado do Diabo incentivando um olhar objetivo para suas ações e um pensamento mais aprofundado sobre as perspectivas do parceiro. Em tom mais sensual, o Diabo nos permite ser intimamente indulgentes de maneira segura e consensual.

Storm é uma leitora de tarô de gênero fluido, que descreve o próprio gênero como ilimitado e inclusivo, expressando-se cada dia de um modo diferente. Storm mencionou que, para ela, a carta O Diabo representa como ela se limita aos papéis tradicionais de gênero: "Para mim, o Diabo é o que está dentro de mim que me mantém escrava, que reage ao condicionamento social com medo e subserviência a sistemas opressivos ou danosos. O Diabo representa a escravidão em que me coloco ou me mantenho, ou como me reprimo ou me submeto, bem como a tentação de continuar ignorante por opção – mesmo em relação a mim mesma. Desaprender meu medo do Divino, assumir o poder da liberdade em relação aos papéis e estereótipos tradicionais e liberar a conformidade autoinfligida ao inútil binarismo de gênero ou ao que me foi atribuído, tudo isso faz parte do que entendo a respeito da carta O Diabo. É uma grande parte da minha luta em escala maior. Limito-me constantemente em minha carreira e minha vida espiritual, então, para mim, o Diabo é um professor inestimável, lembrando-me de que o mundo está cheio de inimigos. Não preciso ser inimiga de mim mesma".

16. A Torre

Pouco antes de publicar meu primeiro livro, tive uma postagem viral pela primeira vez. Na noite anterior, sonhei que estava em meu local de trabalho da época (que ficava em um prédio muito alto) e um tornado varrera a cidade de Nova York, levando consigo a maioria dos prédios mais altos, incluindo boa parte daquele em que eu estava. No fim do sonho, eu estava perto de uma porta, uma das poucas partes restantes do prédio, e olhava para os escombros das torres caídas ao redor, perguntando-me o que aconteceria a seguir. Esse sonho foi um "arroto subconsciente" que representa perfeitamente a carta A Torre – uma grande força da natureza demolindo as estruturas erguidas pelo homem. Para mim, A Torre representou, em parte, meu local de trabalho (de onde enfim acabei saindo alguns meses depois, mudando-me para algo bem mais adequado). Também representou o colapso do anonimato. Antes desse sonho, eu gostava da liberdade da obscuridade. Mas, de repente, meu nome e minhas palavras estavam por toda parte, e a Torre da obscuridade de que eu me ressentira (por querer sucesso) e à qual ao mesmo tempo me agarrara (por medo de que as pessoas soubessem muito a meu respeito) não estava mais lá. Como no meu sonho, em que eu estava junto à porta arruinada, de repente eu estava exposta a um novo mundo de publicidade e insegura do que isso significaria para mim.

Podemos abordar melhor A Torre com a atitude de "Mandar ver!" ou "Ir com tudo". Desenterrar pode ser assustador. Pode até doer. Mas, como a carta A Morte, as possibilidades que a Torre apresenta têm o potencial de ser muito mais belas do que se a Torre nunca tivesse passado pela vida do consulente. Às vezes, temos de deixar que os escombros caiam à nossa volta. Às vezes, precisamos enfrentar a destruição. No meu sonho de tornados e edifícios desabando, havia um horizonte brilhante a distância. As transições nem sempre são boas. Na realidade, podem ser dolorosas e assustadoras. O lado brilhante da Torre é o horizonte do lado oposto dela.

O que está nos detendo e bloqueando? Em geral, é algo que não percebemos. Às vezes, pensamos que o problema é o colapso, mas A Torre nos diz que, às vezes, ela mesma era o problema, não o colapso. Talvez reconstruamos ou talvez apenas nos afastemos. De qualquer modo, há um horizonte brilhante do outro lado dos escombros. Quando permitimos que este seja o foco da Torre, em vez da poeira da destruição, encontramos alívio e alegria.

Enfrentando as cartas dos Arcanos Menores

As imagens das cartas dos Arcanos Menores informam se elas são difíceis ou não. Se você usa um baralho alternativo ao RWS, provavelmente conterá um sistema diferente de fatores favoráveis e desfavoráveis.

O 2 de Espadas

O 2 de Espadas significa, em geral, que estamos cegos para a verdade – ou, mais precisamente, que não estamos dispostos a aceitá-la. Essa carta pode ser um aviso de que estamos sendo impedidos de conhecer certas verdades que nos ajudariam. Às vezes, porém, é melhor continuar cegos.

Talvez seja recomendável manter distância em algumas situações. O que dizer se a personagem no 2 de Espadas estiver se afastando do drama familiar? Talvez um colega de trabalho conivente esteja tentando envolvê-lo na política do local de trabalho. Talvez a viagem de acampamento para a qual fora convidado por amigos seja dificultada por fortes chuvas e seja melhor ficar em casa. O 2 de Espadas é um momento oportuno de parar. Enquanto para muitos ele pode sugerir a necessidade de remover a venda proverbial e abrir o eu, haverá ocasiões em que se manter alheio a alguma situação pode ser uma opção melhor.

O 3 de Espadas

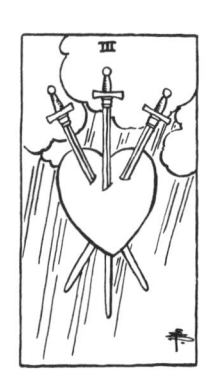

Tudo bem, não vou mentir. De fato, não gosto do 3 de Espadas. Considero-o estressante. No baralho RWS, a imagem de três espadas rasgando um coração me lembra tristeza e angústia. Todavia, alguns anos atrás, meu Coven realizou uma série de meditações baseada em *Casting Sacred Space*, de Ivo Dominguez Jr. O capítulo "Quatro rituais simples para o crescimento pessoal" inclui rituais pessoais que utilizam os diferentes Três do tarô: o 3 de Paus, o 3 de Copas, o 3 de Espadas e 3 de Ouros. Como método para conhecer os desafios e benefícios dessas quatro cartas, recomendo esses exercícios. Ao fazer o exercício do 3 de Espadas, vi a beleza dessa carta pela primeira vez. Ela me lembrou a medalha *Purple Heart* (Coração Púrpura). Talvez a carta seja um distintivo de honra em minhas leituras? Talvez nossas provações sejam dolorosas, mas podemos carregá-las com orgulho. Às vezes, quando recebo a carta, ela sugere que os problemas que penso estar enfrentando podem, de fato, ser apenas isso – falácias de uma mente sobrecarregada. Para mim, é ainda um lembrete de coragem, mas também sinal de que as coisas com que posso estar mais preocupada talvez não sejam tão terríveis quanto temia.

O 5 de Copas

A figura encapotada, pairando no 5 de Copas, pode sugerir abatimento e tristeza em algumas leituras. Em muitas das minhas leituras, esta carta de fato indicou que algum tipo de luto estava presente ou ocorreria em breve. No entanto, às vezes me pergunto se essa personagem está de fato triste. Está rindo furtivamente? Está suspirando de alívio? As taças derramadas atrás dela contêm venenos letais e ela está oferecendo orações de agradecimento pela vida? Está lendo uma mensagem de texto de uma paixão?

Reaprendendo a interpretar cartas difíceis

Tire uma carta com a qual você não simpatiza. Faça uma lista de todos os aspectos negativos associados a ela. Por exemplo, não tenho grande simpatia pelo 10 de Espadas. Para essa carta, eu relacionaria: derrota, dor, perda, deslealdade. Em seguida, nomeie uma oportunidade ou um benefício que poderia advir de cada aspecto negativo. Por exemplo, eu listaria:

- Quando sou derrotada... aprendo uma forma melhor de vencer na próxima vez.
- Quando sinto dor... procuro maneiras de ser forte.
- Quando sofro uma perda... encontro alegria renovada no que ainda tenho.
- Quando sinto deslealdade... encontro clareza onde minha verdadeira lealdade reside.

Para mim, receber o 10 de Espadas pode significar as qualidades negativas que listei, mas ele também pode significar estratégias, força, apreciação e compreensão da pessoa em quem posso de fato confiar.

Anote ainda tudo o que há de belo perceptível na carta. Por mais assustadora que seja a imagem representada, empenhe-se em encontrar nela algo positivo. No 10 de Espadas, além das lâminas nas costas da personagem, vejo um sol nascente acima de algumas nuvens ameaçadoras. Percebo como a personagem está com a atenção voltada para esse sol, não para as nuvens. Ao ver aspectos assim, lembro-me da acupuntura. As espadas me lembram as agulhas espetando alguém para curá-lo – talvez uma visão horrível se você desconhece a prática, mas sempre uma prática voltada à saúde.

Este exercício não tem o objetivo de extinguir sua reação instintiva a essas cartas. Talvez o Diabo sempre significará um inimigo, e a Torre, sempre um desastre. Se esse entendimento fizer parte de sua linguagem do tarô, um viés positivo não diminuirá essa percepção. Mas procurar um possível resultado positivo pode fornecer instrumentos úteis para navegar pelas cartas quando estas surgirem. Ao receber o 10 de Espadas, minha primeira reação será provavelmente alguma derrota antes de significar estratégia para vencer, mas posso ter consciência disso quando o momento 10 de Espadas aparecer. Posso acolhê-lo pelas lições de base estratégica que tem para mim, em vez de focar apenas nas proverbiais espadas que sinto nas costas!

Nem toda carta "boa" é totalmente boa

Conheço baralhos cujos artistas transformaram toda carta difícil em favorável. O Diabo é quase um bufão, e a Torre é alta, firme, e não representa ameaça. Certa vez, ouvi falar de um baralho que não incluía as cartas tradicionalmente difíceis. Evito baralhos desse tipo, pois acredito que excluir ou reduzir as cartas difíceis destitui o tarô do papel imperativo de expor diferentes facetas da experiência humana. Nem toda experiência será agradável e alentadora. Muitas serão difíceis. Mesmo que uma experiência difícil encerre uma lição edificante, nem sempre se mostra agradável no momento.

Atenção a essas possíveis advertências

Uma verdade do tarô muitas vezes esquecida é que nem toda carta positiva tem apenas conotações positivas. Mesmo aquela mais otimista encerra a possibilidade de uma advertência.

O 3 de Copas

É bastante comum o 3 de Copas significar regozijo, amizades e, inclusive, gravidez desejada. Pode também indicar excesso de indulgência, exclusividade ou uma gravidez indesejada ou mal programada.

O 4 de Paus

O 4 de Paus indica celebração, união, casamento possível. No entanto, uma de minhas alunas se deteve na versão RWS da carta e se perguntou se os convidados do casamento não estavam brigando, e o casal, fugindo. Talvez a união não seja celebrada.

O 10 de Ouros

O 10 de Ouros significa riqueza e abundância. Mas essa riqueza resulta do aumento de impostos ou de responsabilidades? A riqueza continuará ou desaparecerá na próxima carta?

A Rainha de Copas

Em geral, a Rainha de Copas indica um parceiro leal ou superatencioso, mas também pode denotar autoritarismo. Às vezes, quando vejo essa Rainha no baralho RWS sentada à beira da água e com toda a atenção voltada à taça nas mãos, lembro-me de um antigo mito irlandês em que uma mulher estava tão apaixonada pelo marido que não suportava sequer se sentar diante dele à mesa. Ele se sentiu tão asfixiado que foi para o mar, e ela ficava andando pela praia todos os dias, chorando por ele. A Rainha de Copas possibilita muitas interpretações maravilhosas, mas ser potencialmente pegajosa e sufocante também pode ser uma delas.

O Rei de Espadas

O Rei de Espadas é, muitas vezes, um protetor ou defensor de alguém ou de alguma coisa. Esse senso de proteção pode facilmente se mesclar à tendência a ser controlador. O desejo de defender pode se traduzir em abuso, seja de outros ou da pessoa/coisa que esse Rei pretende defender. Esta pode ser uma carta que ajuda a saber se suas intenções correspondem às ações praticadas.

A Sacerdotisa

Normalmente uma carta de intuição, espírito e magia, como Neo percebeu em sua leitura no Capítulo 5, a Sacerdotisa também pode ser uma presença manipuladora e de duas caras. Deveria estar em um templo de sabedoria superior, mas no baralho RWS vemos que atrás dela há um sutil véu, com água além dele, e nos perguntamos se esse templo é de fato sólido. O manto parece se transformar em um rio a seus pés. A Sacerdotisa está fadada a desaparecer?

A Força

A carta A Força significa exatamente o que diz – força. Isso deveria ser bom, não? Mas paramos para observar que em muitos baralhos a mulher *está enfiando a mão na boca de um leão*? Ela perde a mão no próximo quadro? O pobre animal é tão manso e/ou está sedado que torna seguro a um humano fazer isso? A questão aqui é a força sobre o que e a que custo? Se o que não nos mata nos torna mais fortes, o que, afinal, estamos experimentando?

O aspecto menos atraente de suas cartas favoritas

Como no exercício anterior, escolha uma carta que representa um resultado tradicionalmente positivo e examine-a com atenção. De novo, faça uma lista das interpretações que você tem sobre a carta que a tornam tão positiva. Para este exercício, escolhi O Mundo. As interpretações que tenho incluem: final forte, resultado positivo, conclusão alegre.

Como antes, liste as perguntas que você possa ter para a carta sobre resultados positivos. Liste também qualquer possível revés que tal resultado possa ter. Veja um exemplo:

- ♦ Se O Mundo significa final forte... qual o custo desse final?
- ♦ Se é um resultado positivo... quem receberá tal resultado? Quem não o receberá?
- ♦ Se é uma conclusão alegre... o próximo capítulo será tão feliz?

Com essas interpretações, ainda posso me alegrar com as interpretações positivas da carta, mas também tenho a possibilidade de observar as coisas de um ângulo potencialmente instrutivo. Não termino a leitura apenas em um ponto alto. Ela me traz mais informações para me aprofundar e pensar de modo mais amplo, como "Isso pode ser bom para mim, mas será bom para aqueles com quem me preocupo? Essa conclusão alegre me levará a uma situação ainda mais difícil?".

Lembre-se de examinar a carta com atenção. Ela transmite alguma advertência com sua mensagem alegre? Na carta O Mundo do RWS, observo que a personagem está suspensa no ar. É provável que caia? Também observo animais ao redor dela. Vão devorá-la? Ela está nua... está com frio? Pelo menos gosta da posição em que se encontra?

Assim como o exercício anterior não pretende diluir as mensagens de advertência das cartas difíceis, este não pretende ser pessimista quanto às cartas mais positivas. Os dois exercícios têm o objetivo de mostrar que nenhuma carta é totalmente ruim ou benevolente. Toda situação na vida envolve aspectos positivos e negativos, favoráveis e desfavoráveis, mas um lado da situação tem, em geral, maior predominância. A mesma verdade se aplica ao tarô. Quer você receba uma carta auspiciosa ou nefasta, saiba que o aspecto inverso está sempre presente. A aceitação de ambos aperfeiçoará suas leituras.

OITO

QUANDO NÃO LER TARÔ PARA SI MESMO

A autoleitura nem sempre é a melhor opção. Às vezes, é melhor que outro tarólogo faça a leitura para você. Também haverá ocasiões em que o recomendável é não consultar o tarô de forma alguma. O tarô pode viciar. Um portal para informações relacionadas a outro mundo é irresistível. Para mim, essa tem sido uma área particularmente vulnerável, tanto no início do meu aprendizado como também, às vezes, nos dias atuais. Quando estou muito preocupada com alguma coisa, minha vontade é correr na mesma hora para minhas cartas. Dei-me conta, porém, de que esse é o momento errado para me aproximar do baralho. Um aspecto valioso da autoleitura consiste em saber quando faz sentido ler para si mesmo e quando é melhor procurar outro leitor ou evitar o tarô por algum tempo.

Leitura sobre outras pessoas

Para alguns leitores, é imoral ler a respeito de outra pessoa. Não concordo. Preocupações com a saúde dos familiares, com o bem-estar dos parceiros, com a segurança dos filhos etc. fazem parte da existência humana. Quase tudo que nos diz respeito também afeta o que acontece na vida dos outros. Questões cruciais para o bem-estar pessoal podem incluir o desejo de saber o que seu chefe pensa sobre demissões no próximo ano. Leituras podem nos trazer paz de espírito, como ter uma ideia sobre o rendimento escolar de um filho. Outras ainda pertencem ao âmbito da curiosidade humana, como saber o que um ex-namorado pode estar fazendo. Ao ler sobre outras pessoas, em especial se as escolhas delas têm implicações profundas para nós (como no exemplo do empregador), pode ser difícil se manter imparcial. Nossos medos e desejos podem obscurecer as interpretações. Em um caso como o de curiosidade sobre um ex-namorado, é muito fácil nos fixarmos no que pode estar acontecendo com ele. Podemos, inclusive, nos surpreender embaralhando uma, duas ou até mais vezes as cartas para conseguir mais e mais informações. Podemos nos confundir com muita facilidade.

Joi, uma competente leitora de tarô, pediu-me que lesse para ela, pois suas autoleituras não lhe ofereciam respostas claras. Queria muito saber o que o ex-parceiro pensava dela. Para responder à pergunta, tirei uma única carta: o 10 de Ouros. Joi disse, rindo: "Ele acha que dou muita despesa?". Minha interpretação não foi essa, mas que o relacionamento custara ao ex algo muito importante – emoções, tempo ou possivelmente dinheiro. Como ela queria saber se o ex a amara ou não, não conseguia ver que os sentimentos do antigo amor eram mais complexos. O rompimento era recente demais para Joi ler o próprio tarô naquele momento. Seus sentimentos tinham anuviado sua capacidade de ver outras opções além de "Meu ex me amava/meu ex não me amava" nas cartas.

Embora seja natural ter curiosidade sobre ações de terceiros, pode ser contraproducente ler a respeito de sentimentos alheios durante uma autoleitura. Os sentimentos mudam, mesmo ao longo de um único dia. Você pode usar o tarô para ter ideia dos sentimentos de um bom amigo em relação a você, e as cartas talvez indiquem indiferença.

No entanto, isso não significa que seu amigo seja sempre indiferente. Talvez você faça a leitura em um momento em que ele esteja pensando em buscar a roupa que mandara lavar. Os pensamentos dele apenas estavam em algo diferente de você, o que pode deixá-lo com uma impressão errada. Além disso, usar o tarô para descobrir pensamentos e sentimentos de terceiros é um atalho para um ciclo vicioso de obsessão.

Anos atrás, uma cliente queria saber o que o ex-marido pensava dela. Depois de tirar uma carta para responder a essa pergunta, a consulente quis saber o que o marido achava de uma colega de trabalho dele. Em seguida, se ele pensava nela quando estava com essa colega... e ainda se pensava na colega quando visitava minha cliente, e assim por diante. As perguntas continuaram até que ela finalmente pegou o baralho da minha mão e começou a tirar cartas, uma atrás da outra, em busca de uma resposta para os pensamentos e sentimentos enigmáticos do ex-marido. Cada carta só a deixava ainda mais confusa e frustrada.

Essa experiência me ensinou a fazer perguntas que levem a respostas compensadoras. Não deixo de consultar o tarô quando quero saber o que alguém está pensando. Seja para paz de espírito ou para autopreservação, há momentos em que apenas queremos saber o que acontece com outras pessoas. Antes de analisar demais respostas nebulosas, comecemos formulando perguntas que forneçam respostas mais consistentes.

Em vez de...	Tente...
O que meu ex pensa de mim?	O que posso fazer para criar laços de amizade mais enriquecedores com meu ex ou deixar de pensar nele?
Vou ser demitida?	Como posso melhorar meu desempenho no trabalho? Que oportunidades encontraria fora daqui se decidisse procurar outro emprego?
O que meu filho está fazendo na escola?	Como posso ser um sistema de suporte melhor para meu filho?

Preocupação extrema com alguma coisa

Como acontece com a maioria dos leitores de tarô que conheço, chega um momento em que você realmente precisa saber alguma coisa, podendo, inclusive, ficar obcecada com a resposta. Creio que essa afirmação se aplica à maioria dos seres humanos. Os leitores de tarô, porém, parecem ter a aptidão especial de quase enlouquecer na busca do melhor resultado. Enquanto escrevo essas palavras, lembro-me de como passei um tempo obcecada com um romance frustrado, repassando as cartas repetidas vezes para descobrir se o relacionamento poderia ser retomado. Apesar dos meus anos de experiência com o tarô, minhas preocupações com o relacionamento não me permitiam compreender o que as cartas diziam. Era rotina eu acabar em uma torrente de lágrimas raivosas, confusas e cansadas.

Quando estamos preocupados, nosso medo de que as coisas não acabem como queremos nos deixa cegos. Qualquer carta que não se relacione ao resultado desejado parecerá mau presságio e nos fará sentir piores.

Anos atrás, durante a produção do *Tarot of the Boroughs*, contratei uma sessão fotográfica com uma modelo muito famosa. Temia que algo pudesse ocorrer e ela não conseguisse cumprir sua parte. Na noite anterior, em uma decisão totalmente equivocada, fiz uma autoleitura e perguntei como tudo aconteceria. Tirei o 3 de Espadas, o que aumentou ainda mais minhas preocupações. A modelo abandonaria a sessão? Não gostaria da sessão? Alguma outra coisa poderia dar errado? Meus medos me tiraram o sono por completo e fiquei todo o dia seguinte andando de um lado para o outro como um zumbi. A modelo chegou na hora certa, a iluminação ficou perfeita, tudo correu bem. Só fiz muito alvoroço e confusão e acabei passando muita vergonha. Minha autoleitura refletira meu estresse com a situação, exacerbando-a ainda mais. Eu estava muito pior do que se tivesse apenas encaminhado a sessão sem fazer a autoleitura.

Enquanto escrevia este livro, também planejava meu casamento. Como é comum no processo de planejamento desse evento, complicações ocorreram em alguns momentos. Nervosismo, discussões e imprevistos me fizeram imaginar o que aconteceria no grande dia. Às vezes, eu me sentia tentada a consultar o tarô para saber se a cerimônia passaria sem maiores fiascos, mas não fiz nenhuma leitura, porque já estava preocupada demais. Esse foi um caso em que procurei fazer uma leitura com outra pessoa, porque sabia que meus medos e minhas preocupações obscureceriam minha capacidade de ler para mim mesma com clareza.

Se você apenas não consegue resistir e resolve fazer uma leitura sobre o que a está preocupando, tenha cuidado ao formular as perguntas. Perguntas do tipo: "Como X vai se conduzir?" ou "Vou/Não vou... fazer...?" provavelmente induzirão sua leitura a deixá-la insatisfeita e confusa. Procure reformular as perguntas desse modo:

Em vez de...	Tente...
Conseguirei o emprego para o qual me candidatei?	Vou encontrar um emprego bem remunerado que me satisfaça e em pouco tempo?
Encontrarei um amor algum dia?	Como posso atrair um amor romântico para minha vida?
Vou ser feliz algum dia?	Que passos posso dar para ser feliz?

Em momentos de depressão

O tarô é útil, mas não afaga. Se você está se sentindo deprimida e recorre a ele para aliviar esse sentimento, pode acabar com um agradável 10 de Copas que lhe diz que tudo vai ficar bem. Mas também pode receber um 10 de Espadas que diz: "Não, não, minha cara. Você está ferrada, e bem ferrada!". Antes de fazer uma autoleitura, pergunte a si mesma se está em condições de lidar com uma resposta como esta última. Se acha que cartas mais tensas só aumentarão sua depressão, em vez de estimulá-la a fazer mudanças, esse não é o momento oportuno para uma autoleitura. Procurar um leitor de sua confiança pode ser a melhor solução. Se você está lidando com depressão, luto ou ansiedade severa, apenas evite o tarô até que essas condições sejam superadas. Mesmo a leitura mais positiva pode não ser bem recebida ou entendida quando se está com depressão severa.

Se você acha que uma leitura seria útil, mas não está em condições de fazê-la, procure outro leitor. Seja seletiva sobre quem lê para você quando se sente prostrada. Se não consultou um leitor em particular antes, pense em contatá-lo com antecedência e informá-lo de que se encontra em um estado vulnerável. Quando se sentir melhor, talvez prefira um leitor mais direto. Um leitor qualificado levará suas necessidades em consideração. Se ele não puder ajudá-la, talvez lhe sugira alguém mais experiente.

Todavia, para quem simplesmente insiste em não ouvir, quer prosseguir por sua conta e risco e vai ler para si mesmo em meio a um profundo abatimento... eis algumas sugestões: em vez de procurar uma resposta específica do tarô (por exemplo: será que minha vida não vai ser melhor que isso?), use o baralho como uma ferramenta que o ajude a voltar à condição de bem-estar emocional. Ao me revolver nos meus próprios lamaçais de depressão, paro de buscar respostas específicas com o tarô. Em vez disso, uso-o da seguinte maneira:

Caso tire uma carta dos Arcanos Maiores

Vou me fazer passar por essa carta até sentir que ela é parte de mim. Para este exercício, ignoro as cartas que geralmente me incomodam, como O Diabo ou A Torre. Se a carta tirada for O Mago, ponho-me de pé, com uma das mãos acima da cabeça, imaginando segurar o pergaminho com todas as informações de que precisaria para me fazer sentir melhor; e com a mão estendida para baixo imagino toda dor e todo sofrimento que sinto escoando pelo dedo apontado para a terra. A última vez que fiz isso, descobri que estava acostumada a assumir os movimentos de John Travolta em *Os Embalos de Sábado à Noite*. Se parece ridículo, é porque é mesmo – e esse é o ponto. O tarô não é estoico. Gosta de nos fazer rir. Os pequenos movimentos podem distrair a mente e ajudar a provocar um *funk* mental. Podemos encarnar o poder do Mago, o ardor do Sol e o movimento contínuo da Roda da Fortuna.

Caso tire uma carta dos Arcanos Menores

Vou usá-la como ferramenta para me lembrar das coisas boas da vida e agradecer a elas. Por exemplo, se tirasse o 8 de Paus, faria uma lista de oito coisas que me animam – mesmo que sejam tão banais como comer manteiga de amendoim ou acariciar meu gato. O 4 de Copas poderia representar quatro maneiras que me fazem sentir amada. O 9 de Espadas poderia ser nove coisas sobre as quais sei que não tenho controle. O 2 de Ouros sugere duas coisas que posso fazer para me sentir um pouco melhor, como passear ou assistir a um filme divertido.

Caso tire uma carta da corte

Vou refletir sobre o período em que encarnei o que considero ser a melhor *persona* possível dessa carta. Se tirasse o Cavaleiro de Paus, poderia refletir sobre a época em que liderei um grande grupo pagão na Marcha do Povo pelo Clima. Divulguei informações, estimulei a todos a perseverar e até presidi rituais improvisados na Times Square – tudo isso enquanto tratava uma bronquite. Esse foi o melhor exemplo de um momento em que fui um Cavaleiro de Paus, canalizando o poder que tinha para dar às pessoas direção em apoio a uma causa importante. Ele me dá forças para saber que, se vivi essa experiência em determinado momento, posso voltar a revivê-la.

Busca de uma resposta bem específica

Estou mencionando esse aspecto mais uma vez porque, em questões do tarô, a ênfase nunca é suficiente: *procure respostas do tarô quando estiver receptivo a qualquer resposta que lhe seja dada – não apenas a uma específica que estiver procurando.* O tarô sabe coisas que não sabemos, mas às vezes não estamos preparados para ouvi-las. Digamos que você se depare com a difícil tarefa de encontrar um novo lar a um animal de estimação. Acredita que encontrou o lugar adequado para ele, mas as tratativas não foram concluídas. Como se preocupa com o bichinho, quer desesperadamente que tudo dê certo. Contudo, se procurar o tarô na esperança de que ele diga: "9 de Copas! Seu animal de estimação ficará feliz nesta casa para sempre!" e, em vez disso, tirar um "8 de Copas: Continue procurando...", você pode entrar em pânico. Pode desejar muito a casa que considera o melhor lugar para o doce animal, mas o tarô não está convencido. O que dizer se o tarô estiver captando a possibilidade de que esse lar não seja de fato o adequado? E se você seguir o conselho do 8 de Copas e encontrar uma casa ainda melhor para o animalzinho? Você pode não querer ouvi-lo, mas o tarô não foi feito para dizer o que o consulente quer ouvir, e sim o que é bom que ele saiba.

Às vezes, pensamos que sabemos o que queremos, mas o Universo está gestando algo que nos tornará ainda mais felizes. Se estamos imersos na ansiedade de ouvir uma resposta específica, podemos ficar chateados ao ouvir o contrário e começar a tentar mudar a situação, em vez de simplesmente deixar que as coisas boas cheguem a nós na forma que vierem. Repetindo, procure o tarô quando estiver pronta para ouvir as respostas certas, não apenas as que quer ouvir.

Se você vê apenas resultados negativos em sua leitura, talvez não seja o momento oportuno de consultar as cartas. Se não consegue ver um resultado positivo, procure um leitor que leia para você. Peça-lhe que grave a leitura, para que possa ouvi-la mais tarde. Sempre procuro transmitir esperança em minhas interpretações, mas já li para algumas pessoas que, por mais esperança que eu procurasse transmitir, saíram se sentindo "permanentemente ferradas", como costuma dizer uma de minhas amigas. Quando isso acontece, sugiro que ouçam a gravação depois de se darem mais tempo e distância da leitura. Se ainda assim não conseguirem ouvir nada de positivo, talvez seja hora de interromperem as consultas ao tarô por algum tempo. Esse pode ser um sinal para procurar ajuda de um especialista em saúde mental, pois sintomas de depressão podem estar presentes.

Mesma pergunta feita várias vezes

Há muitos anos, passei um fim de semana com uma amiga. Ela estava nervosa e em dúvida se deveria ou não aceitar um emprego e queria consultar o tarô. Ficou embaralhando e deitando as cartas por horas, sempre com a mesma pergunta. Por fim, recebeu só espadas e imaginou que essa última leitura pressagiava desastre. Para mim, significou que as cartas estavam cansadas de responder à mesma pergunta e sugeriam que ela interrompesse a consulta por algum tempo.

Se você se dá conta de que fica fazendo a mesma pergunta inúmeras vezes na esperança de receber um resultado diferente (Engravidarei este ano? Engravidarei em doze meses a partir de hoje? Engravidarei em doze meses a partir do momento em que esperava ficar grávida?), é muito possível que esteja apegada demais ao resultado. Essa tomada de consciência é um bom momento para se afastar das cartas, mas se ainda assim quiser prosseguir distribua as cartas e tire uma fotografia. Não fique olhando a foto, porém; guarde-a por alguns dias. Quando sentir que está aberta à mensagem do tarô, analise a foto e observe o que as imagens lhe dizem nesse momento.

Condição de cansaço

Um leitor de tarô cansado dificilmente terá sensibilidade suficiente para efetuar uma leitura livre de desvios. Mesmo que você se esforce ao máximo para chegar a uma resposta elucidativa, o recomendável é ler o tarô quando estiver descansado e tranquilo. Leituras feitas em momentos de cansaço são, em geral, confusas e desgastantes. Além disso, é provável que você se torne mais emotivo e preso a um resultado específico, em vez de estar aberto à mensagem real. Se mesmo assim quiser insistir, siga a sugestão apresentada: tire uma foto das cartas distribuídas e volte a examinar a foto quando estiver mais sossegado.

Condição de angústia

Chorar durante uma leitura pode indicar grande sincronia, mas se está muito sensível, quase chorando, a ocasião é inadequada a uma boa leitura. O tarô não é refúgio para os seus momentos de angústia. Quando estamos angustiados, ouvir algo diferente de "Tudo vai ficar bem" produzirá mais sofrimento que tranquilidade, e, como já vimos, nem sempre o tarô nos diz o que queremos ouvir. Chore. Ligue para um amigo ou colega. Tome um banho. Ouça a música de sua preferência. Volte ao tarô quando estiver calmo, equilibrado e realmente pronto para ouvir a mensagem.

Cuidado com a obsessão

Como mencionei, se você se percebe repetindo a mesma pergunta várias vezes com pequenas variações, é recomendável interromper a leitura. Lembre-se: o maior risco no tarô não é de natureza moral, mas a dependência, o vício. Se você o consulta para *toda* decisão que precisa tomar, está se tornando muito dependente. Um limite saudável é uma leitura por dia, *no máximo*, com um número limitado de perguntas – uma pergunta, com mais uma de esclarecimento ou de acompanhamento, deve ser suficiente. Essa é uma boa prática para quem se interessa em ler tarô, mas se você for uma pessoa particularmente obsessiva é importante impor-se limites específicos. Caso contrário, vai se confundir, se frustrar e se privar do poder de confiar na intuição e na prática de tomada de decisão confiante. Limites nas autoleituras são para seu próprio bem!

Moral da história

O tarô precisa de mente aberta, equilibrada e calma para emitir suas mensagens com eficiência. Não precisamos estar em estado de saúde emocional perfeita, mas também não podemos pegar o baralho no meio de um choro agoniado. De novo, é melhor consultar o tarô em busca de ferramentas e pistas, em vez de respostas específicas, sim ou não, sobre o futuro. Embora ondas inevitáveis de destino pareçam arrastar as pessoas, nosso futuro é, em geral, determinado pelas escolhas que fazemos todos os dias, alimentadas pelas informações que temos no momento em que as fazemos. O tarô pode fornecer algumas informações a mais, como "Se aceitar esse emprego, veja o que pode esperar como desafio" ou "Se se casar com essa pessoa, observe como provavelmente seu futuro será promissor". O tarô tem poucas condições de dizer se você vai aceitar o emprego ou se casar com a pessoa;

essa escolha é sua. O tarô não sabe dizer se você fará ou não a escolha, mas sugere o que pode esperar como resultado dela.

Você não tem certeza se o momento é oportuno para consultar o tarô? Pergunte a ele!

Saber se está em boas condições mentais para ler o tarô é mais ou menos como saber quando se está com fome ou apaixonada: se não tem certeza, provavelmente não está. No entanto, ainda assim você pode consultar as cartas para saber se *deve* consultar o tarô.

A maioria dos baralhos inclui personagens que se mostram mais abertas ou mais fechadas para confirmar determinada situação. Se uma carta se revela mais aberta, todas são favoráveis a uma leitura no momento. Se se revela fechada, está sinalizando que todas as demais também estão indisponíveis à leitura.

Veja alguns exemplos:

Pronta para trabalhar!

Agora não.

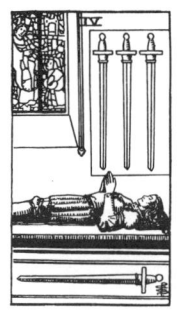

Necessidade de descanso.

Demitir!

Admitir.

Não.

Caso seu baralho não inclua personagens com posturas abertas ou fechadas óbvias, a tabela a seguir (com os Arcanos Maiores) pode ajudar:

Sim, vá em frente e leia	Não, espere um pouco
0 O Louco	9 O Eremita
1 O Mago	12 O Enforcado
2 A Sacerdotisa	13 A Morte
3 A Imperatriz	15 O Diabo
4 O Imperador	16 A Torre
5 O Hierofante	18 A Lua
6 Os Amantes	
7 O Carro	
8 A Força	
10 A Roda da Fortuna	
11 A Justiça	
14 A Temperança	
17 A Estrela	
19 O Sol	
20 O Julgamento	
21 O Mundo	

Como sempre, essas são diretrizes e sugestões, não regras. Talvez você de fato não goste do Hierofante ou, em geral, se sinta confuso com A Estrela. Talvez goste da Torre e do Diabo. Quem sabe chegue à conclusão de que uma carta que normalmente lhe agrada é propícia e estimulante *a você*, mesmo que minha resumida tabela indique que não é uma boa carta de estímulo para prosseguir.

Como alternativa, consulte a disposição "sim/não" na página 212 para ver se o momento é adequado ou não a uma leitura.

NOVE

MÉTODOS DE DISPOSIÇÃO DAS CARTAS

Estas disposições do tarô – algumas clássicas, outras originais – podem ser úteis em suas autoleituras. Salvo indicação contrária, nesses arranjos as cartas devem ser tiradas de forma aleatória.

Passado/presente/futuro: leitura de três cartas

Carta 1	Carta 2	Carta 3
Passado	Presente	Futuro

Esta é uma leitura simples baseada em uma única pergunta – o que aconteceu no passado, o que está acontecendo no presente e o que provavelmente acontecerá no futuro.

Triângulo Atual

Esta é uma versão ampliada da leitura mais simples passado/presente/futuro. Todas as cartas são tiradas ao acaso.

```
┌─────────┐   ┌─────────┐   ┌─────────┐
│ Carta 1 │   │ Carta 2 │   │ Carta 3 │
│ Passado │   │Presente │   │ Futuro  │
└─────────┘   └─────────┘   └─────────┘

      ┌─────────┐   ┌─────────┐
      │ Carta 4 │   │ Carta 5 │
      │Efeitos do│  │Efeitos do│
      │ passado │   │ presente│
      │ sobre o │   │sobre o  │
      │presente │   │ futuro  │
      └─────────┘   └─────────┘

            ┌─────────┐
            │ Carta 6 │
            │Origem ou│
            │verdade da│
            │pergunta ou│
            │ situação │
            └─────────┘
```

Leitura do significado oculto: quando algo parece estranho

Se você tem a sensação de que algo está comprometendo determinada situação, tire três cartas que indiquem de onde esse sentimento estranho pode estar vindo.

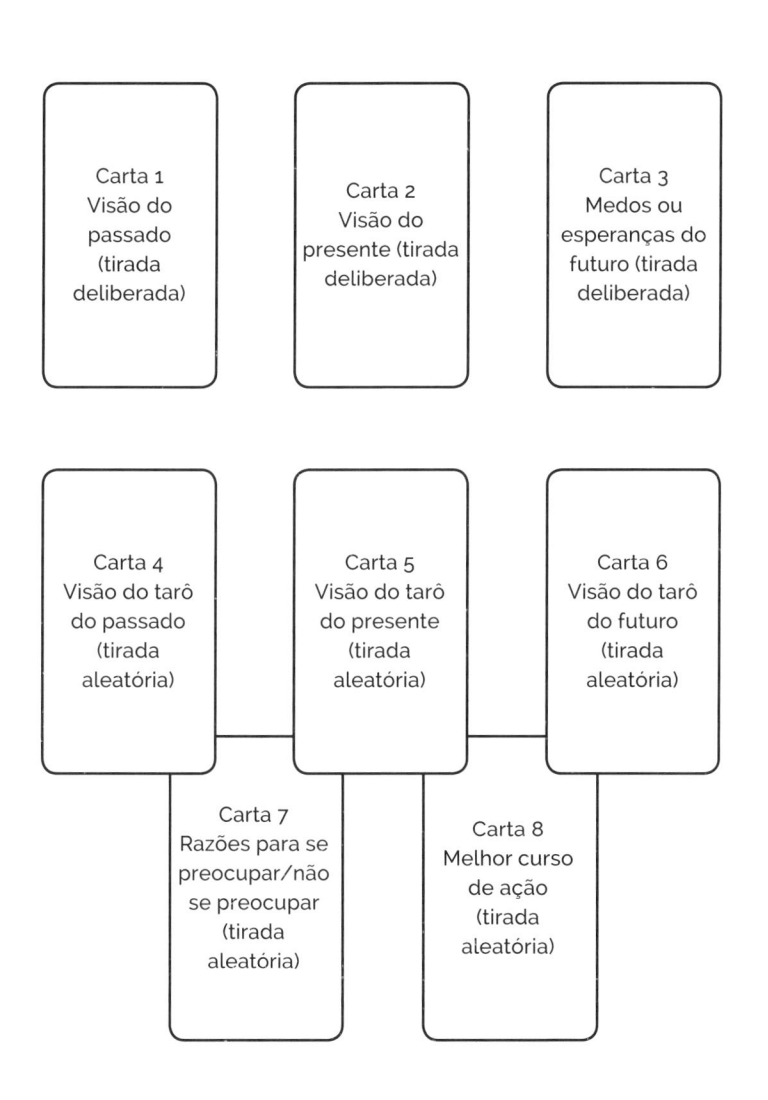

```
┌─────────────┐   ┌─────────────┐   ┌─────────────┐
│   Carta 1   │   │   Carta 2   │   │   Carta 3   │
│   Visão do  │   │   Visão do  │   │   Medos ou  │
│   passado   │   │   presente  │   │ esperanças do│
│   (tirada   │   │   (tirada   │   │ futuro (tirada│
│  deliberada)│   │  deliberada)│   │  deliberada)│
└─────────────┘   └─────────────┘   └─────────────┘

┌─────────────┐   ┌─────────────┐   ┌─────────────┐
│   Carta 4   │   │   Carta 5   │   │   Carta 6   │
│ Visão do tarô│  │ Visão do tarô│  │ Visão do tarô│
│  do passado │   │  do presente│   │   do futuro │
│   (tirada   │   │   (tirada   │   │   (tirada   │
│  aleatória) │   │  aleatória) │   │  aleatória) │
└─────────────┘   └─────────────┘   └─────────────┘
         │                  │                  │
         └──────┐     ┌─────┴─────┐      ┌─────┘
                │     │           │      │
            ┌───────────┐      ┌───────────┐
            │  Carta 7  │      │  Carta 8  │
            │ Razões para se│  │ Melhor curso│
            │preocupar/não │  │  de ação   │
            │ se preocupar │  │  (tirada   │
            │   (tirada    │  │ aleatória) │
            │  aleatória)  │  │            │
            └───────────┘      └───────────┘
```

Disposição em cruz celta

Esta é uma das disposições mais comuns do tarô. É uma leitura apropriada para prever eventos atuais e os compreendidos entre três e seis meses futuros.

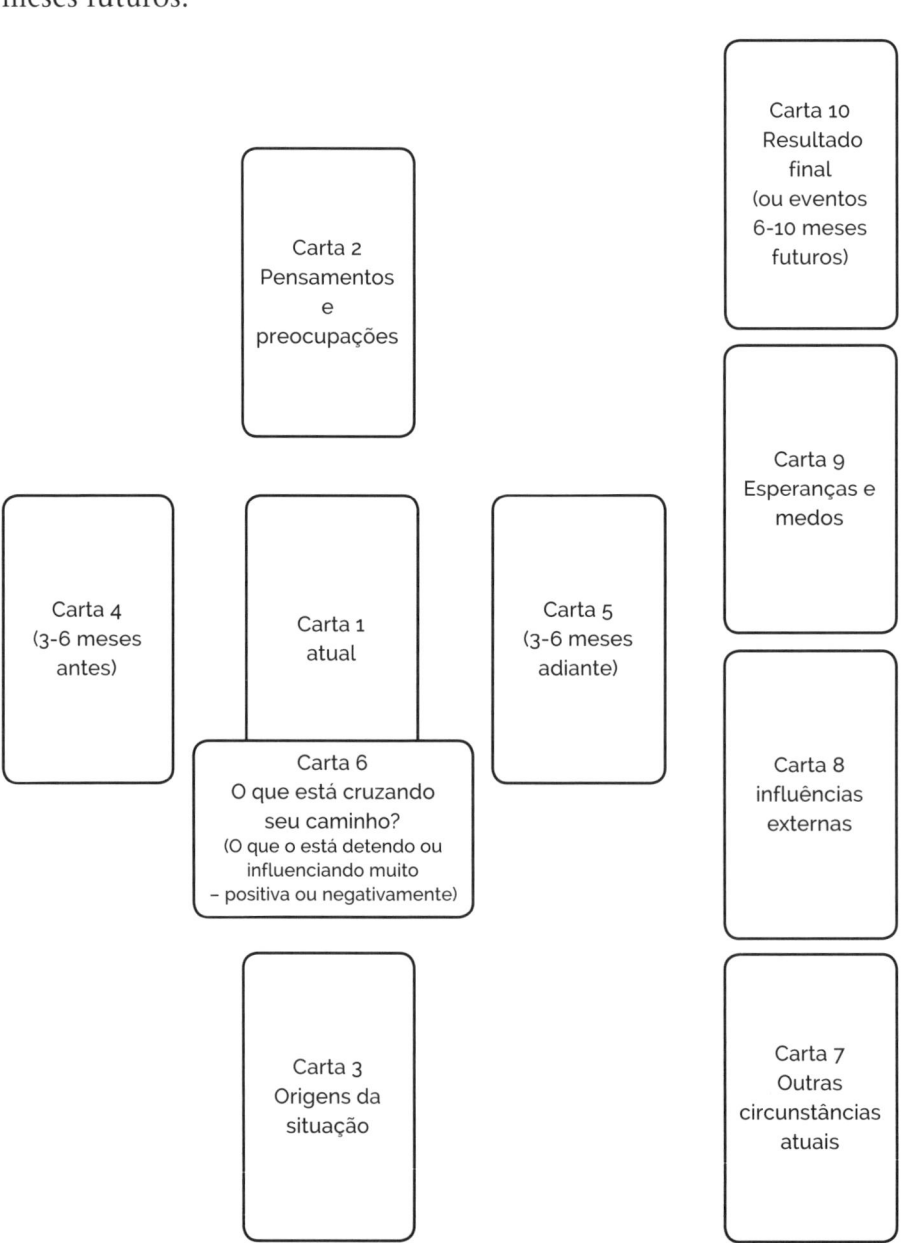

Carta 2
Pensamentos e preocupações

Carta 10
Resultado final
(ou eventos 6-10 meses futuros)

Carta 9
Esperanças e medos

Carta 4
(3-6 meses antes)

Carta 1
atual

Carta 5
(3-6 meses adiante)

Carta 8
influências externas

Carta 6
O que está cruzando seu caminho?
(O que o está detendo ou influenciando muito – positiva ou negativamente)

Carta 3
Origens da situação

Carta 7
Outras circunstâncias atuais

Disposição do Oráculo Diário

Um olhar mais atento à disposição da carta diária.
Tire cinco cartas ao acaso:

Carta 1
Tema do dia

Carta 2
Oportunidades do dia

Carta 3
Restrições do dia

Carta 4
Coisas a evitar

Carta 5
Coisas a acolher

Leitura orientada ao objetivo

Se seus esforços estão voltados a um objetivo específico, esta disposição visa ajudá-lo a traçar o caminho para alcançá-lo.

Escolha deliberadamente a carta que melhor representa o resultado desejado.

```
┌─────────────┐
│             │
│  Resultado  │
│  desejado   │
│  (tirada    │
│  deliberada)│
│             │
└─────────────┘
```

Devolva essa carta ao baralho e misture tudo. Repasse o baralho até encontrar a carta que escolheu. Identifique a carta imediatamente anterior e a posterior à do resultado desejado. Retire as três do baralho:

Carta posterior Eventos/ influências passadas	Resultado desejado (tirada deliberada)	Carta anterior Eventos/ influências futuras

Tire mais três cartas do baralho ao acaso:

Carta 1 O que o detém	Carta 2 O que o ajuda	Carta 3 Onde está seu foco

Solução de conflitos

Disposição específica para solucionar um conflito.

```
┌─────────────┐
│  Situação   │
│    atual    │
│   (tirada   │
│  deliberada)│
└─────────────┘
```

A situação se resolverá em breve? Três cartas na posição normal – sim. Duas na posição normal, uma invertida – provavelmente. Duas invertidas, uma normal – provavelmente não. Três invertidas – não.

```
┌─────────┐  ┌─────────┐  ┌─────────┐
│ Carta 1 │  │ Carta 2 │  │ Carta 3 │
│ Tirada  │  │ Tirada  │  │ Tirada  │
│deliberada│  │deliberada│  │deliberada│
└─────────┘  └─────────┘  └─────────┘
```

Como a situação vai se resolver? Tire aleatoriamente mais três cartas para o melhor curso de ação.

```
┌─────────┐  ┌─────────┐  ┌─────────┐
│ Carta 4 │  │ Carta 5 │  │ Carta 6 │
│ Tirada  │  │ Tirada  │  │ Tirada  │
│deliberada│  │deliberada│  │deliberada│
└─────────┘  └─────────┘  └─────────┘
```

Paz de espírito

Se alguma coisa o está incomodando e você quer a ajuda do tarô, esta autoleitura com tiradas deliberadas e aleatórias pode ser muito proveitosa.

Carta 1
Sua visão da situação
(tirada deliberada)

Carta 2
Seus piores medos
(tirada deliberada)

Carta 5
Pior cenário real
(tirada aleatória)

Carta 3
Suas maiores esperanças
(tirada deliberada)

Carta 6
Viabilidade de suas maiores esperanças
(tirada aleatória)

Carta 4
O que você vê como obstáculo
(tirada aleatória)

Carta 7
Verdadeiro obstáculo
(tirada aleatória)

Carta 8
Realidade da situação
(tirada aleatória)

Verificação: disposição Quatro Quadrantes

Esta leitura é feita sem nenhuma pergunta específica em mente. O objetivo é apenas descobrir o que está ocorrendo nas diferentes áreas da vida.

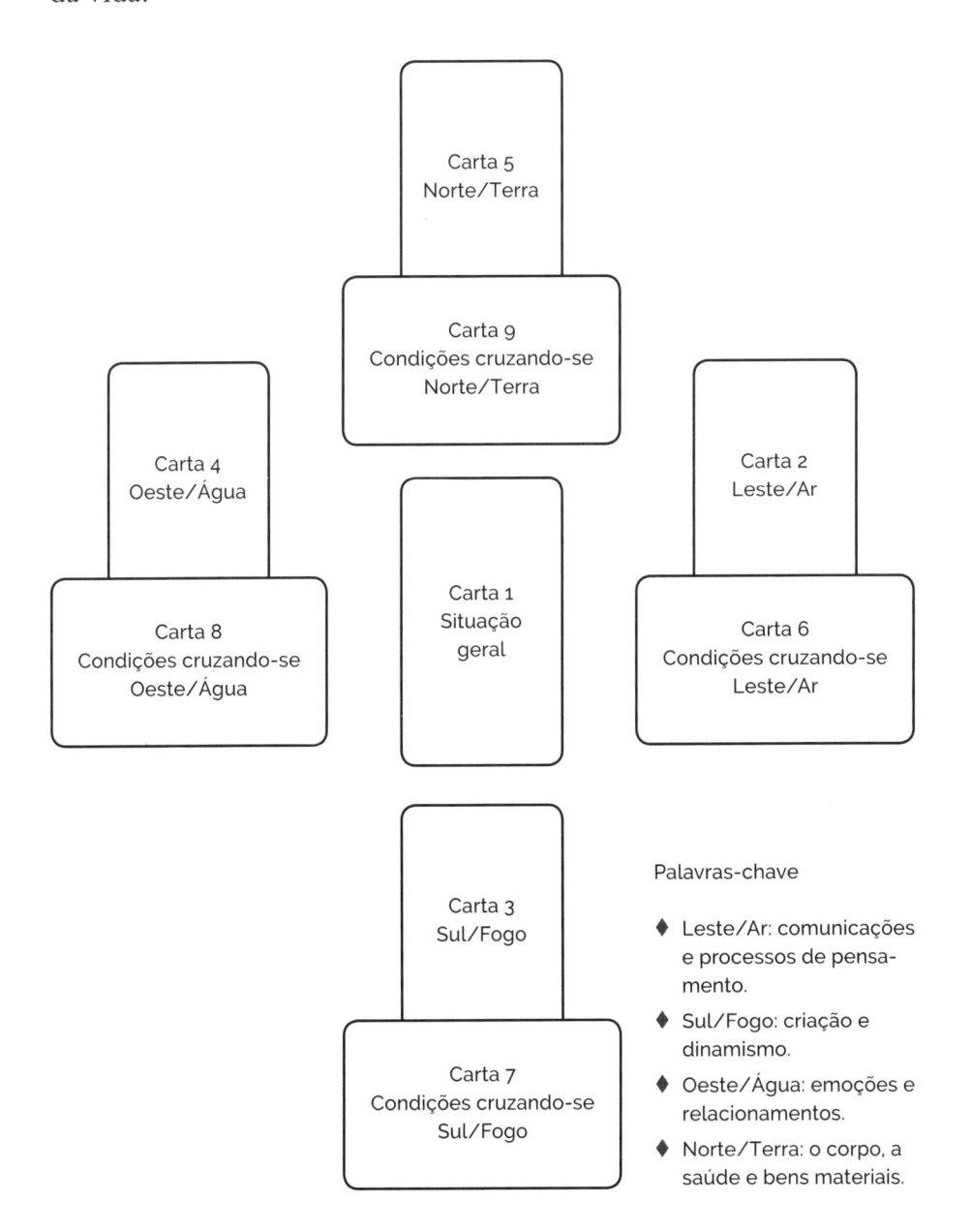

```
                    Carta 5
                  Norte/Terra

                    Carta 9
              Condições cruzando-se
                  Norte/Terra

  Carta 4                                    Carta 2
 Oeste/Água                                 Leste/Ar

                    Carta 1
  Carta 8          Situação                  Carta 6
Condições cruzando-se  geral          Condições cruzando-se
 Oeste/Água                                 Leste/Ar


                    Carta 3
                   Sul/Fogo

                    Carta 7
              Condições cruzando-se
                   Sul/Fogo
```

Palavras-chave

- Leste/Ar: comunicações e processos de pensamento.
- Sul/Fogo: criação e dinamismo.
- Oeste/Água: emoções e relacionamentos.
- Norte/Terra: o corpo, a saúde e bens materiais.

Quanto tempo?

Se você está procurando uma resposta envolvendo o tempo cronológico, essa disposição pode ajudar. Ela não oferece datas específicas, mas dá uma ideia de acontecimentos que podem envolver um resultado desejado.

Nessa disposição, o Louco equivale ao início, e o Mundo representa o resultado desejado. Embaralhe as cartas.

- ♦ Ao terminar de embaralhar, repasse o baralho, localizando a posição do Louco e do Mundo. Retire essas duas cartas e todas as demais que estão entre elas.

- ♦ Entre essas, retire todas as cartas invertidas. Se as cartas O Louco ou O Mundo estiverem invertidas, vire-as para a posição normal.

- ♦ Imagine que as cartas entre O Louco e O Mundo indicam os acontecimentos que estão por vir entre o início da busca do resultado e o resultado em si.

Exemplo: Jason quer comprar uma casa. Embaralhou as cartas e encontrou as seguintes na posição normal entre O Louco e O Mundo.

Em minha experiência com essa leitura, cada carta entre o Louco e o Mundo representa uma unidade de tempo: dias, semanas, meses ou anos. Na leitura, você provavelmente desejará ter uma ideia de um prazo razoável para cada carta. Se Jason fosse comprar uma casa em três dias, ao que tudo indica, estaria omitindo etapas de avaliação ou apressando-se em um negócio aparentemente bom sem pesquisar o bastante. Talvez possa comprar uma casa em três semanas, mas ainda é um prazo reduzido. A expectativa razoável é que Jason alcance seu objetivo em três meses.

O 3 de Paus: Jason precisará procurar alguma coisa – talvez a ajuda de um corretor de imóveis.

O 9 de Paus: Jason pode ter dificuldade de encontrar algo do agrado de acordo com suas possibilidades financeiras. Talvez não seja tão fácil quanto esperava.

O 5 de Copas: a decepção pode indicar que Jason se sente um pouco desanimado no terceiro mês. É sinal de que deve persistir, pois o objetivo está ao alcance, mas o caminho não será fácil.

Sucesso do projeto: meu esforço será recompensado?

Essa distribuição também pode ser aplicada à procura de emprego, à retomada de um relacionamento ou a qualquer situação em que haja energia investida e sucesso desejado.

É uma disposição ampla envolvendo 15 cartas. Veja a página seguinte.

"Sim" ou "não" básico:

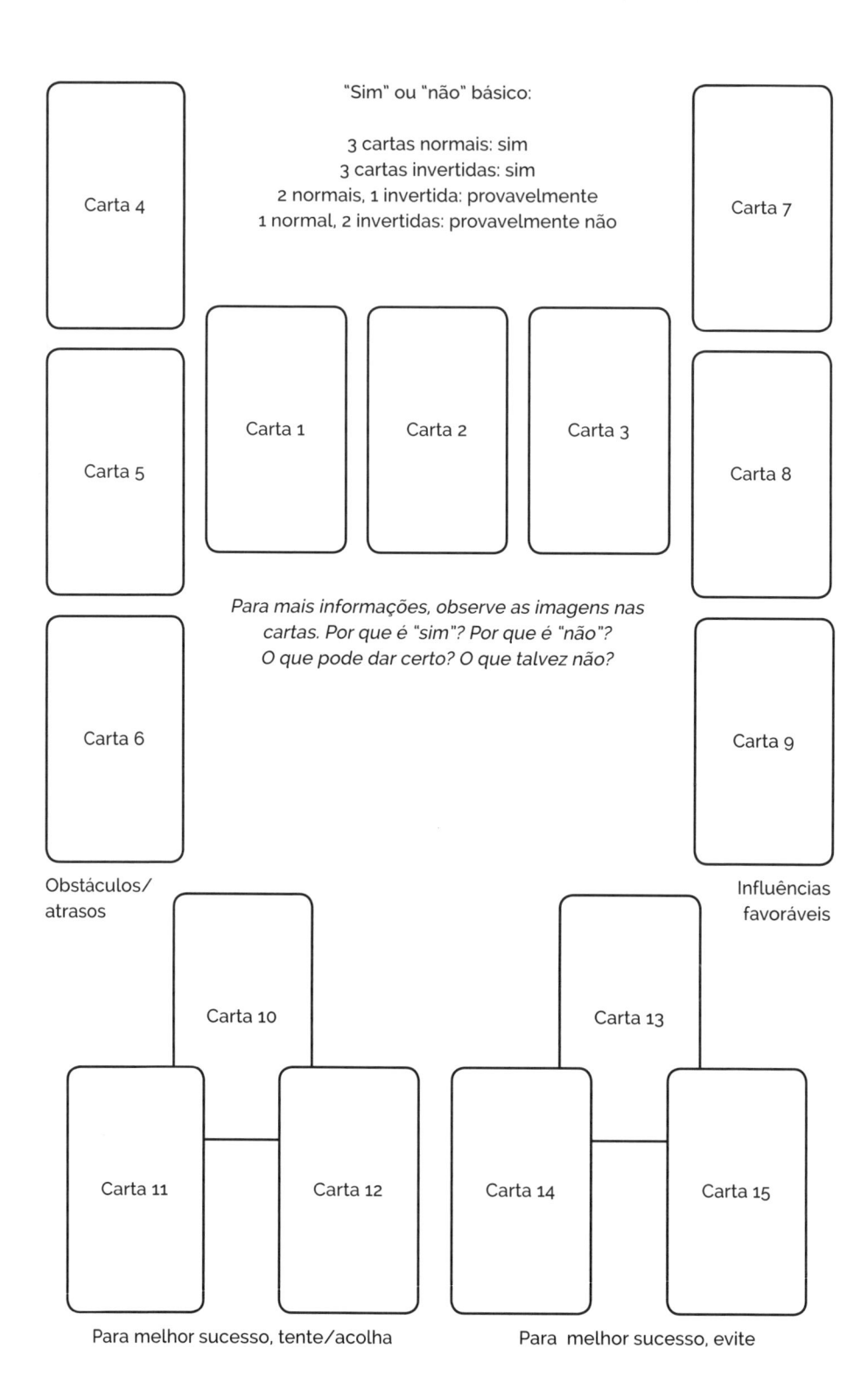

3 cartas normais: sim
3 cartas invertidas: sim
2 normais, 1 invertida: provavelmente
1 normal, 2 invertidas: provavelmente não

Carta 4

Carta 7

Carta 1

Carta 2

Carta 3

Carta 5

Carta 8

Para mais informações, observe as imagens nas cartas. Por que é "sim"? Por que é "não"? O que pode dar certo? O que talvez não?

Carta 6

Carta 9

Obstáculos/atrasos

Influências favoráveis

Carta 10

Carta 13

Carta 11

Carta 12

Carta 14

Carta 15

Para melhor sucesso, tente/acolha

Para melhor sucesso, evite

Leitura das Três Almas

Esta disposição pode ajudá-lo a descobrir por que alguma coisa não vai bem ou a conhecer influências que afetam a situação.

Carta 1 — Alma superior: Influências do poder superior (ou seja, Deus, o Anjo da Guarda, o Eu Superior, o Universo etc.)

Carta 2 — Alma média: Influências do Eu Desperto (a pessoa no "Agora consciente"). Como você está ajudando ou dificultando a si mesmo.

Carta 3 — Alma inferior: Influências dos ancestrais, de vidas passadas ou do carma anterior e influências sociais de que você talvez esteja inconsciente.

Leitura do casal

Se você está em um relacionamento, pode eventualmente se perguntar: "Como vai meu relacionamento?". Esta disposição pode ajudar. Atribua uma coluna a cada parceiro. As cartas horizontais sugerem experiências compartilhadas. Registre as cartas horizontais. A maioria delas apontando em uma direção indica uma pessoa dando ou tomando demais. Um número igual apontando na horizontal significa bases iguais.

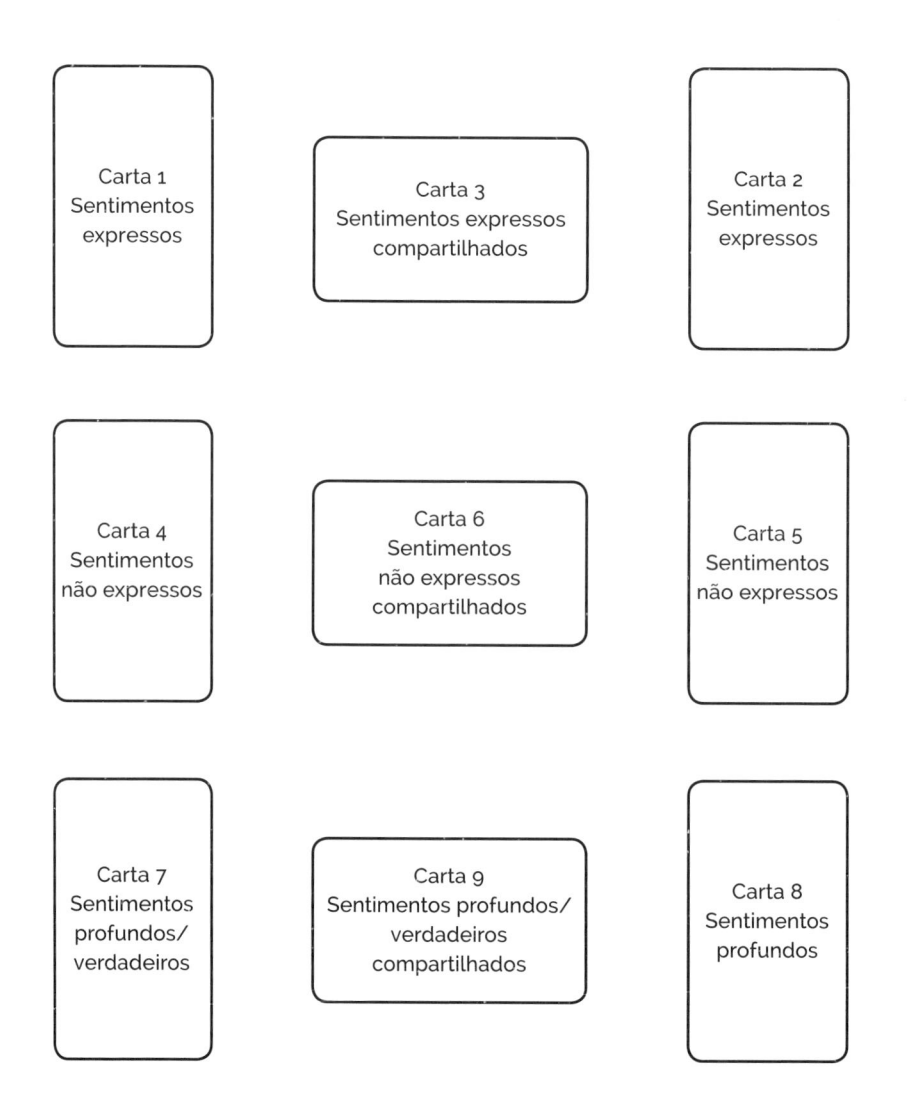

Carta 1
Sentimentos expressos

Carta 3
Sentimentos expressos compartilhados

Carta 2
Sentimentos expressos

Carta 4
Sentimentos não expressos

Carta 6
Sentimentos não expressos compartilhados

Carta 5
Sentimentos não expressos

Carta 7
Sentimentos profundos/ verdadeiros

Carta 9
Sentimentos profundos/ verdadeiros compartilhados

Carta 8
Sentimentos profundos

Para situações poliamorosas, forme uma coluna de três cartas para cada parceiro e cartas compartilhadas adicionais, de modo que uma carta possa revelar como cada parceiro está se conectando. Dependendo do número de pessoas, você pode precisar ser criativo na forma de dispor as cartas.

Para resolver um problema

Se esta disposição evidencia um problema no relacionamento, tire mais três cartas:

Carta 10
Ações a acolher

Carta 12
O que seria prudente discutir

Carta 11
Ações a evitar

Previsão para a próxima semana

Esta disposição propicia um tema geral para cada dia da próxima semana.

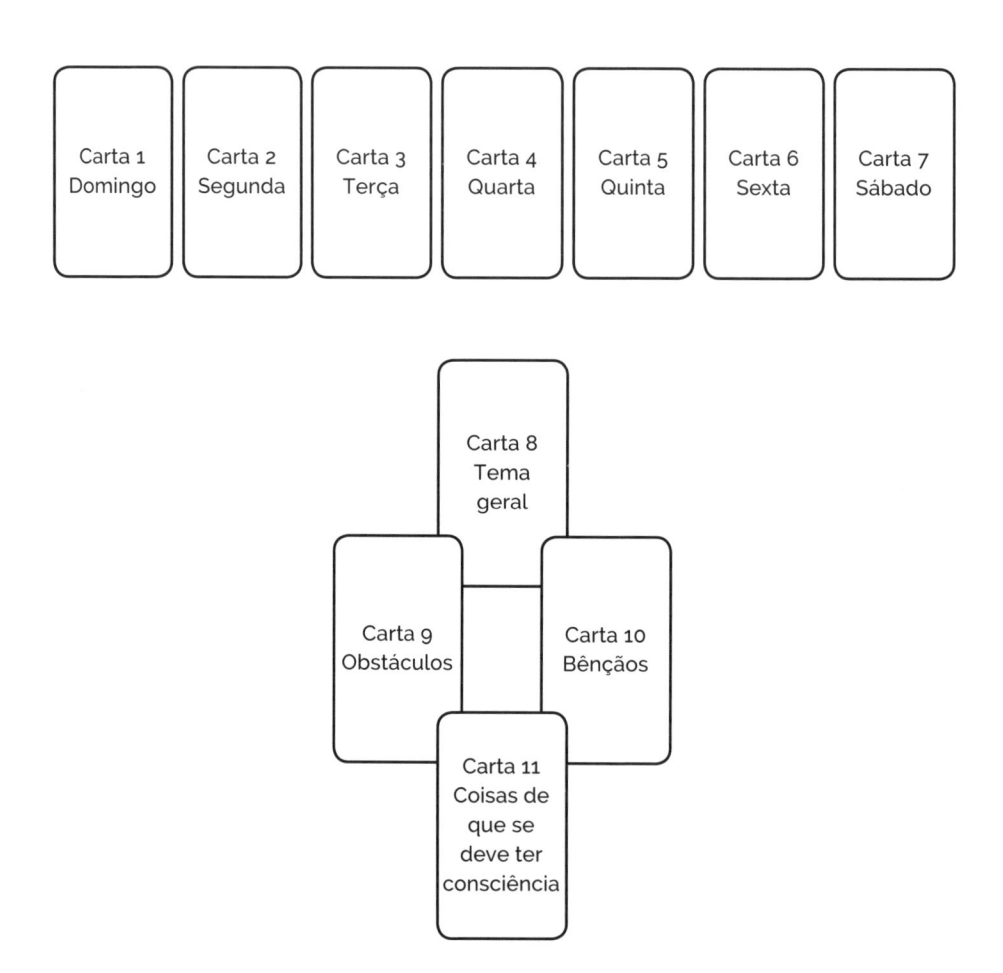

| Carta 1 Domingo | Carta 2 Segunda | Carta 3 Terça | Carta 4 Quarta | Carta 5 Quinta | Carta 6 Sexta | Carta 7 Sábado |

Carta 8
Tema geral

Carta 9
Obstáculos

Carta 10
Bênçãos

Carta 11
Coisas de que se deve ter consciência

Para previsão mensal

As três cartas tiradas para cada semana indicam, da esquerda para a direita: bênção, desafio, tema geral (embaixo). Inclua a distribuição de quatro cartas do exercício anterior para uma visão geral do mês.

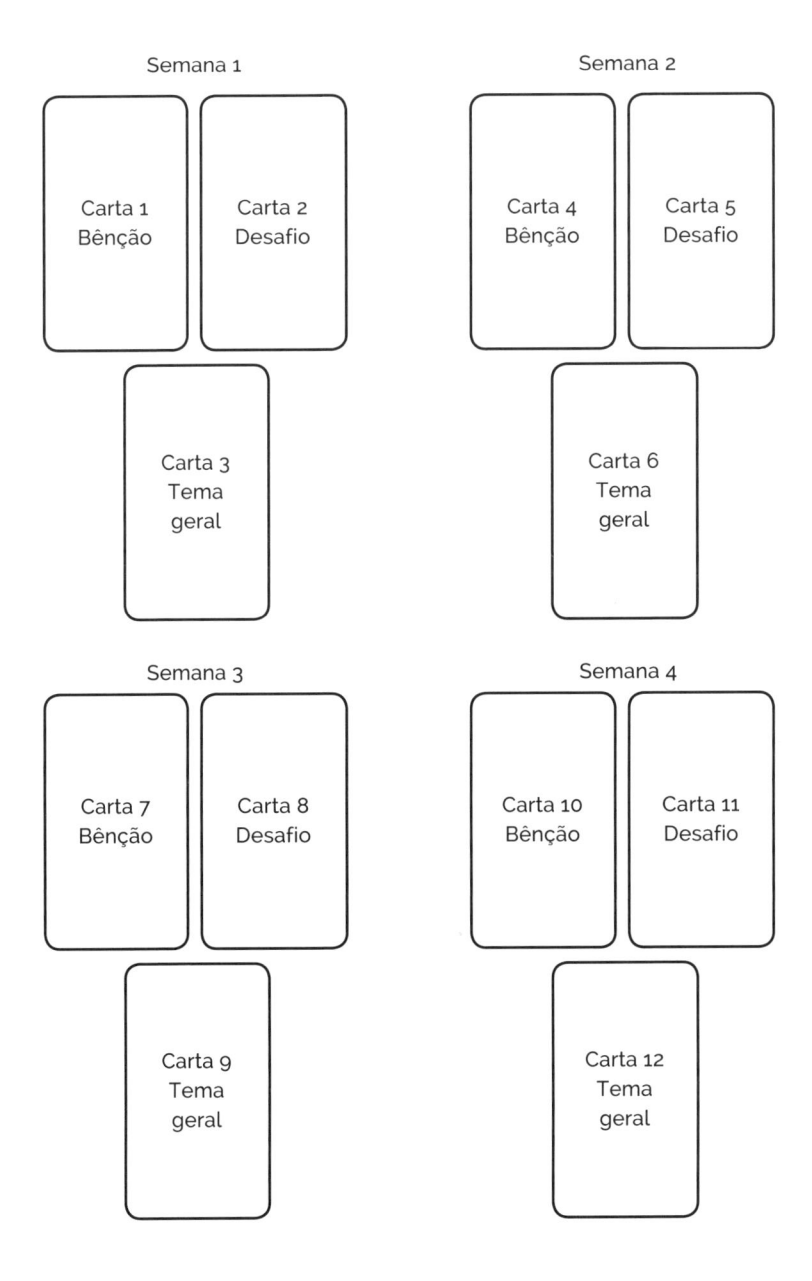

Semana 1

- Carta 1 Bênção
- Carta 2 Desafio
- Carta 3 Tema geral

Semana 2

- Carta 4 Bênção
- Carta 5 Desafio
- Carta 6 Tema geral

Semana 3

- Carta 7 Bênção
- Carta 8 Desafio
- Carta 9 Tema geral

Semana 4

- Carta 10 Bênção
- Carta 11 Desafio
- Carta 12 Tema geral

Previsão sazonal

Para cada estação, a carta inferior esquerda é a bênção, a inferior direita é o desafio e o vértice do triângulo é o inesperado. A carta coroa (acima do triângulo) é a lição da alma para a estação. A carta central, a décima sétima, é a lição da alma para o ano.

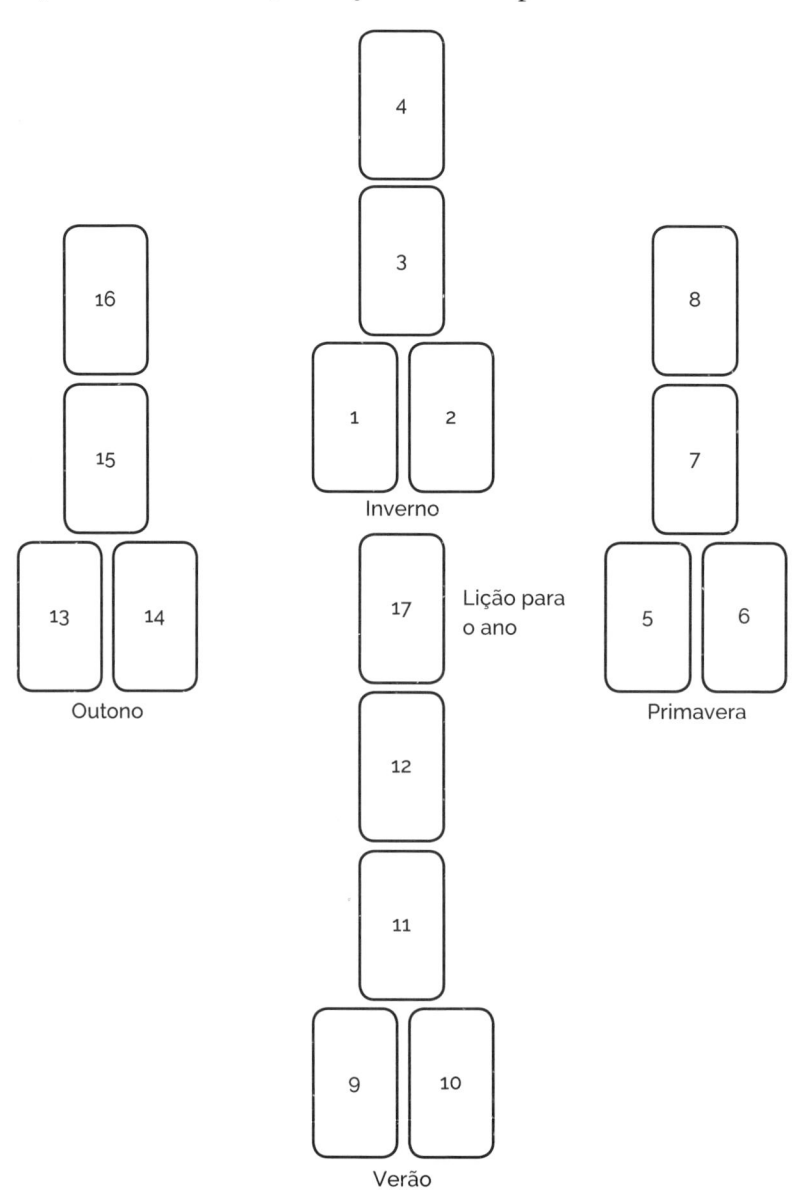

```
                            4

                            3

                       1         2
            16                             8
                         Inverno

            15                             7

                           17    Lição para
         13      14              o ano       5      6
            Outono                            Primavera

                           12

                           11

                        9       10
                          Verão
```

Siga o Ás de Paus

Esta distribuição usa o Ás de Paus para obter informações para o desenvolvimento de paixões. Embaralhe as cartas. Repasse o baralho até encontrar o Ás de Paus e observe a carta anterior e a posterior a ele.

Carta posterior ao Ás:
Fatores motivadores; onde encontrar inspiração

Carta anterior ao Ás
Para onde dirigir essa energia

Influências de base para centramento (tirada aleatória)

O que poderia ajudá-lo a alcançar o objetivo (tirada aleatória)

Possível distração (tirada aleatória)

Disposição para novas oportunidades: aproveito ou não?

Todas as cartas desta disposição são tiradas aleatoriamente.

```
┌─────────────┐      ┌─────────────┐      ┌─────────────┐
│   Carta 5   │      │   Carta 4   │      │   Carta 6   │
│ Sacrifícios │      │    Suas     │      │   Bênçãos   │
│   feitos    │      │ esperanças/ │      │  ainda não  │
│ ou questões │      │ seus medos  │      │ percebidas  │
│ abandonadas │      │             │      │             │
└─────────────┘      └─────────────┘      └─────────────┘

┌─────────────┐      ┌─────────────┐      ┌─────────────┐
│   Carta 2   │      │             │      │   Carta 3   │
│Influências do│     │   Carta 1   │      │ Influências │
│  passado: o │      │ A natureza da│     │ futuras: o que│
│  que seria  │      │ oportunidade│      │  seria ganho│
│ abandonado  │      │             │      │             │
└─────────────┘      └─────────────┘      └─────────────┘

┌─────────────┐      ┌─────────────┐      ┌─────────────┐
│   Carta 7   │      │   Carta 8   │      │   Carta 9   │
│Carta da alma:│     │   "Carta    │      │  Possíveis  │
│como você se │      │ libertadora"│      │  obstáculos │
│sente diante │      │  Liberdade  │      │     não     │
│    dessa    │      │ perante algo│      │  percebidos │
│oportunidade │      │ abandonado  │      │             │
└─────────────┘      └─────────────┘      └─────────────┘
```

Leitura das entrelinhas: ofertas, promoções, parcerias

Você se depara com uma oportunidade: um emprego, uma mudança, uma colaboração ou mesmo um relacionamento. Esta leitura lhe possibilitará mais informações.

Carta 3 O que a outra parte **não pode** oferecer	**Carta 1** A oferta	**Carta 2** O que a parte pode **realmente** oferecer
Carta 6 O que **não** pedir	**Carta 4** O que esperar	**Carta 5** Como pedir mais
Carta 7 Oferta que atende aos seus objetivos		**Carta 8** Oferta que **não** atende aos seus objetivos

Intensificar paixões

Você sabe o que ama e quer; agora, como intensificar esse amor e esse desejo? Em uma situação de relacionamento amoroso ou de outras aspirações, esta disposição lhe mostrará como fazer isso acontecer.

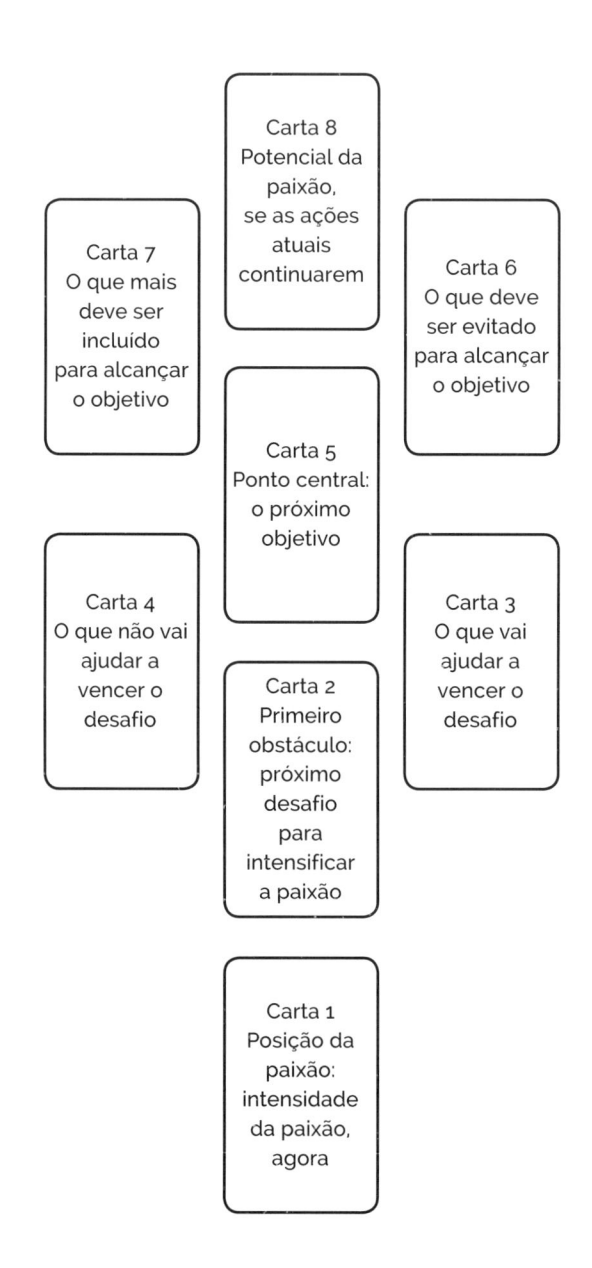

```
                    ┌─────────────┐
                    │   Carta 8   │
                    │ Potencial da│
                    │   paixão,   │
                    │ se as ações │
    ┌─────────┐     │    atuais   │    ┌─────────┐
    │ Carta 7 │     │ continuarem │    │ Carta 6 │
    │ O que   │     └─────────────┘    │ O que   │
    │ mais    │                        │ deve    │
    │ deve ser│                        │ ser     │
    │ incluído│                        │ evitado │
    │ para    │                        │ para    │
    │ alcançar│                        │ alcançar│
    │ o       │                        │ o       │
    │ objetivo│     ┌─────────────┐    │ objetivo│
    └─────────┘     │   Carta 5   │    └─────────┘
                    │Ponto central:│
                    │  o próximo  │
                    │   objetivo  │
                    └─────────────┘
    ┌─────────┐                        ┌─────────┐
    │ Carta 4 │                        │ Carta 3 │
    │ O que   │                        │ O que   │
    │ não vai │                        │ vai     │
    │ ajudar a│     ┌─────────────┐    │ ajudar a│
    │ vencer o│     │   Carta 2   │    │ vencer o│
    │ desafio │     │  Primeiro   │    │ desafio │
    └─────────┘     │  obstáculo: │    └─────────┘
                    │   próximo   │
                    │   desafio   │
                    │    para     │
                    │ intensificar│
                    │  a paixão   │
                    └─────────────┘

                    ┌─────────────┐
                    │   Carta 1   │
                    │ Posição da  │
                    │   paixão:   │
                    │ intensidade │
                    │ da paixão,  │
                    │    agora    │
                    └─────────────┘
```

POSFÁCIO

Então... é isso! Espero que você tenha gostado de ler este livro tanto quanto gostei de escrevê-lo. E mais, espero que agora você se sinta um pouco mais confiante em ler seu tarô. Tenha sempre em mente: ler o próprio tarô é uma habilidade, e esta exige prática, prática e mais prática. Não se espera perfeição na primeira tentativa. Tente, tente e tente de novo. Cometa tantos erros quanto possível – é a melhor maneira de aprender. Faça anotações e observe como as leituras se apresentam. Esteja disposto a ignorar o que este livro diz caso entre em conflito com o que você descobre ser verdade em suas leituras.

Deixo-lhe estas últimas considerações: nem toda leitura assustadora significará infortúnio eterno. As leituras mostram um instantâneo bem limitado do que está por vir. Se a leitura parecer assustadora, saiba que a realidade provavelmente não será tão ruim quanto você imagina quando ela ocorrer.

Nem toda leitura positiva é sinal de que podemos negligenciar nosso trabalho e apenas deixar que o Universo cuide das coisas. Ainda precisamos ser participantes ativos na construção da nossa felicidade.

Procure trabalhar com diferentes baralhos. Mencionei várias vezes o baralho RWS em meus exemplos, mas apenas por razões de acessibilidade – não porque pense que seja melhor. O fato de manusear muitos baralhos oferece a possibilidade de que novos baralhos lhe ensinem simbolismos mais profundos e diferentes mensagens sobre leituras em geral.

Procure trabalhar com diferentes disposições. Adote as que relacionei e descrevi, descubra outros livros que apresentem distribuições diferentes, deixe-se levar pelo entusiasmo e crie algumas você mesmo.

Faça anotações. Você se surpreenderá ao saber quanto sua leitura previu e como foi realmente precisa.

Seja gentil, paciente e amoroso consigo mesmo. Comemore os sucessos com o tarô e não use os erros como indicador de suas habilidades gerais como leitor.

Acima de tudo, aproveite o tarô.

Muito obrigada pela leitura!

AGRADECIMENTOS

Este livro é dedicado à minha melhor amiga, Tiffany Spaulding, a quem devo meu primeiro baralho como presente de aniversário.

Também quero agradecer a uma senhora que se denominou Mulher Itinerante na livraria Crystal Heart, em Beaverton, no Oregon, primeira leitora profissional que conheci. Onde quer que esteja, ela introduziu um Louco inconsciente em uma jornada extraordinária naquele dia.

Gratidão a todos que testaram os exercícios e me deram autorização para compartilhar neste livro verdadeiras joias de suas jornadas. Agradeço ainda a cada pessoa que me procurou para uma leitura ou participou de algum dos meus cursos – cada um de vocês me ensinou muito mais do que pode imaginar.

Pelo apoio, pelas informações e pela inspiração, minha gratidão se estende a Ruth Ann e Wald Amberstone, Nancy Antenucci, Khi Armand, Stella Dance, Jadzia e Jay DeForest, Shannon Fleischman-Nee, Sasha Graham, Amber Guetebier, Mary Greer, Gemma McGowan, Barbara Moore, Hilary Parry, Robert Place, Rachel Pollack, Theresa Reed, Gina Thies e Thalassa Therese.

Obrigada às comunidades do The Reader's Studio, do Bay Area Tarot Symposium e do Northwest Tarot Symposium. Obrigada aos meus colegas do Seminário Teológico de Auburn pelo contínuo apoio ao meu trabalho. Um agradecimento especial aos membros do Queer Witch Collective, espaço interseccional seguro para Bruxas *queer* e/ou trans. Obrigada à equipe da Weiser Books por essa maravilhosa oportunidade e a Judika Illes pelo gentil apoio e pelo incentivo. Dou graças e homenagens às memórias de Arthur Edward Waite e Pamela Coleman Smith, cujo trabalho continua a inspirar a mim e a outros leitores.

Agradecimentos e amor à minha família: Eric e Patti Weber; Meredith, Nate, Westley e Alexandra Gordon. Por fim, os mais profundos agradecimentos ao meu marido, Brian, pelo apoio, pela fé e pelo amor constantes.

NOTAS

Capítulo 1: Bem-vindo à "autoleitura"

1. Angeles Arrien, *The Tarot Handbook: Practical Applications of Ancient Visual Symbols* (Sonoma, CA: Arcus Publishing Company, 1987), p. 16.
2. Isabel Radow Kliegman, *Tarot and the Tree of Life: Finding Everyday Wisdom in the Minor Arcana* (Wheaton, IL: The Theosophical Publishing House), p. xii.
3. Robert M. Place, *Tarot: History, Symbolism, and Divination* (Nova York: Penguin Group, 2005), pp. 16-7.
4. *Ibid.*, p. 9.
5. *Ibid.*, p. 10.
6. Angeles Arrien, *The Tarot Handbook*, p. 16.
7. The Cloisters Museum, *The World in Play: Luxury Playing Cards 1430-1540,* The Metropolitan Museum of Art, Nova York, 20 jan.-17 abr., 2016.
8. *Ibid.*
9. Place, *Tarot*, p. 9.
10. Magia é a prática espiritual de mudança e/ou revelação por meio de sincronicidade, ritual ou outras formas de trabalho energético.

Capítulo 2: A jornada do Louco: A história do tarô e você

1. Mais informações encontram-se em "The Moon", capítulo de *Tarot Wisdom: Spiritual Teachings and Deeper Meanings*, de autoria de Rachel Pollack (Woodbury, MN: Llewellyn, 2008).
2. Robert V. O'Neill, *Tarot Symbolism* (Lima, OH: Fairway Press, 1986), p. 32.
3. A. E. Waite, *The Pictorial Key to the Tarot* (Stamford, CT: U.S. Games, 1995), pp. 148-51.
4. *Ibid.*, p. 151.
5. Oswald Wirth, *The Tarot of the Magicians* (York Beach, ME: Samuel Weiser, 1985), p. 150.

Capítulo 3: Cartas da corte

1. Pessoas com não conformidade de gênero (*Gender Nonconforming* – GNC) não adotam pressupostos quanto à aparência ou ao modo de agir baseadas no gênero que lhes foi atribuído no nascimento. Algumas pessoas GNC podem se identificar com um gênero diferente daquele de nascimento, alguém com mais de um gênero ou ainda alguém sem gênero nenhum.
2. Recursos excelentes sobre significados tradicionais encontram-se em *General Book of the Tarot*, de A. E. Thierens (1930), e em *The Tarot Revealed*, de Eden Gray (1988).
3. A. E. Waite, *The Pictorial Key to the Tarot* (Stamford, CT: U.S. Games, 1995), p. 166.
4. Meu baralho se chama *Tarot of the Boroughs*; no momento em que escrevo este livro, ele está em minha página www.thecocowitch.com.
5. Este exercício foi inspirado pelo The Court Card Archetypes (Arquétipos das Cartas da Corte), incluído no livro de Nancy Antenucci, *Psychic Tarot* (Woodbury, MN: Llewellyn, 2011), pp. 35-9.
6. Este exercício foi inspirado pelo capítulo "The Court Within", do livro de Mary Greer e Tom Little, *Understanding the Tarot Court* (Woodbury, MN: Llewellyn, 2004).

Capítulo 4: Cartas numeradas dos Arcanos Menores

1. Variações de descrições extraídas de *777 and Other Qabalistic Writings of Aleister Crowley*; *General Book of the Tarot*, de A. E. Thierens e Arthur Edward Waite; *Tarot Symbolism*, de Robert V. O'Neill; *The Tarot Book*, de Jana Riley; *21 Ways to Read a Tarot Card*, de Mary K. Greer; e *A Deck of Spells: Hoodoo Playing Card Magic in Rootwork and Conjure*, do professor Charles Porterfield.
2. A. E. Waite, *The Pictorial Key to the Tarot* (Stamford, CT: U.S. Games, 1995), p. 169.

Capítulo 5: Identificação da voz do tarô

1. Previsão do futuro (*Scrying*) é uma forma de mediunidade em que um objeto (um espelho, uma bola de cristal ou mesmo pedras ou uma poça de água) é usado como meio para obter mensagens do mundo do espírito.
2. São Cipriano é um santo católico, muitas vezes invocado por praticantes de magia para obter ajuda em seu trabalho. Para mais informações acesse www.luckymojo.com/saintcyprian.html.

Capítulo 6: Cartas invertidas

1. Conheci essa distribuição em *Tarot Spreads: Layouts & Techniques to Empower Your Readings*, de Barbara Moore. Ela atribui os créditos dessa disposição a *Tarot for Yourself*, de Mary K. Greer.

Capítulo 7: Outras ferramentas: o que falta em sua leitura do tarô? E ainda: como interpretar cartas mais difíceis

1. Ver www.thetarotlady.com/what-cards-are-saying-when-they-aren't-there.

BIBLIOGRAFIA

Antenucci, Nancy. *Psychic Tarot*. Woodbury, MN: Llewellyn, 2011.

Bíblia Sagrada, colocado pelos Gideões, Livro de Jó.

Coyle, T. Thorne. *Kissing the Limitless*. São Francisco: Red Wheel/Weiser, 2009.

Crowley, Aleister. *777 and Other Qabalistic Writings of Aleister Crowley*. 1ª ed. York Beach, ME: Weiser Books, 1986.

Dominguez Jr., Ivo. *Casting Sacred Space: The Core of All Magickal Work*. São Francisco: Weiser Books, 2012.

Fiebig, Johannes; Evelin Bürger. *The Ultimate Guide to the Waite Tarot*. Woodbury, MN: Llewellyn, 2013.

Finkel, Michael. "The last real Hermit". *GQ*. 4 de agosto de 2014.

Fontana, David. *The Essential Guide to the Tarot*. Londres: Duncan Baird, 2011.

Gray, Eden. *The Tarot Revealed: A Modern Guide to Reading the Tarot Cards*. Nova York: Bell Publishing Company, 1960.

Greer, Mary K. *21 Ways to Read a Tarot Card*. Woodbury, MN: Llewellyn, 2006.

_____. *Tarot for Yourself: A Workbook for Personal Transformation*. Franklin Lakes, NJ: New Page Books, 2002.

Harrow, Judy. *Spiritual Mentoring: A Pagan Guide*. Toronto, Ontário, Canadá: ECW Press, 2002.

Moore, Barbara. *Tarot Spreads: Layouts & Techniques to Empower Your Readings*. Woodbury, MN: Llewellyn, 2012.

O'Neill, Robert V. *Tarot Symbolism*. Lima, OH: Fairway Press, 1986.

Place, Robert M. *The Tarot: History, Symbolism, and Divination*. Nova York: Penguin, 2005.

Pollack, Rachel. *The New Tarot Handbook*. Woodbury, MN: Llewellyn, 2011.

_____. *Tarot Wisdom: Spiritual Teachings and Deeper Meanings*. Woodbury, MN: Llewellyn, 2008.

Thierens, A. E. e Arthur Edward Waite. *General Book of the Tarot*. Whitefish, MT: Kessinger Publishing, 2003.

Waite, Arthur Edward. *The Pictorial Key to the Tarot*. Stamford, CT: US Games, 1995.

Warwick-Smith, Kate. *The Tarot Court Cards: Archetypal Patterns of Relationship in the Minor Arcana*. Rochester, VT: Destiny Books, 2003.

Wirth, Oswald. *The Tarot of the Magicians*. Trad. Samuel Weiser, Inc. York Beach, ME: Red Wheel/Weiser, 1985.